民办职业院校发展经验对公办高职院校的启示

魏文迪 著

北 京

冶 金 工 业 出 版 社

2019

内 容 提 要

本书试图探讨在教育供给侧改革大背景下,民办职业教育在其作用、价值、思维和办学机制等方面对公办高职院校的影响和启示,提出公办高职院校必须在思想观念革新、正视自身发展困境等方面从民办经验中借鉴、取长补短的理念,总结民办职业院校的办学经验,分析公办高职院校当前面临的现实境况,旨在为高等职业教育健康发展提供可行性建议。

本书适合从事高职院校教育、管理和研究人员学习和参考。

图书在版编目(CIP)数据

民办职业院校发展经验对公办高职院校的启示/魏文迪著.——
北京:冶金工业出版社,2019.3
ISBN 978-7-5024-8067-7

Ⅰ.①民… Ⅱ.①魏… Ⅲ.①高等职业教育—民办高校—
办学经验—中国 ②高等职业教育—公立学校—学校管理—
研究—中国 Ⅳ.①G719.2

中国版本图书馆 CIP 数据核字(2019)第 045972 号

出 版 人 谭学余
地 址 北京市东城区嵩祝院北巷 39 号 邮编 100009 电话 (010)64027926
网 址 www.cnmip.com.cn 电子信箱 yjcbs@cnmip.com.cn
责任编辑 姜晓辉 美术编辑 吕欣童 版式设计 孙跃红
责任校对 郑 娟 责任印制 牛晓波
ISBN 978-7-5024-8067-7
冶金工业出版社出版发行;各地新华书店经销;北京建宏印刷有限公司印刷
2019 年 3 月第 1 版, 2019 年 3 月第 1 次印刷
169mm×239mm; 9.25 印张; 178 千字; 137 页
48.00 元

冶金工业出版社 投稿电话 (010)64027932 投稿信箱 tougao@cnmip.com.cn
冶金工业出版社营销中心 电话 (010)64044283 传真 (010)64027893
冶金工业出版社天猫旗舰店 yjgycbs.tmall.com
(本书如有印装质量问题,本社营销中心负责退换)

前　言

　　改革开放 40 年来，我国民办高等教育获得快速发展，已成为国家高等教育体系的重要组成部分，为高等教育的发展做出积极贡献。在应对社会人才的多样化需求方面，民办高等教育的地位、作用、价值逐渐彰显，政府部门也极力支持社会资本进入民办教育领域，促进教育公共服务能力的提升，并且对民办高等教育特别是民办职业教育给予极大的关注与强有力的支持，修订后的《中华人民共和国民办教育促进法》更为民办教育发展提供制度保障。

　　在我国高等教育领域，由于历史的原因，民办教育与公办教育的社会影响力、社会声誉度等差异较大。社会上对民办教育存在偏见，公办教育相对于"民办"带有较大的优越感，这种"优越感"在一定程度上可能会造成对民办教育宝贵经验不够重视，同时又掩盖一些公办教育自身的问题。面对当前的"生源危机"与"发展困惑"，公办职业院校有必要从"民办经验"中获得启发、借鉴，取长补短。

　　作者曾在浙江一所民办院校工作近 8 年，该校在民办教育领域具有很强的代表性。该校董事长（举办者）率先创办了新中国成立后的私立高中，进而又创办中等职业教育、高等教育院校。该校自成立以来，各级各部门领导先后到校视察工作。2018 年 7 月，浙江省人民政府正式批复在该校基础上筹建职业技术学院。

　　作者在该民办院校工作期间，从事过多个岗位工作。从一线教师做起，承担统招计划内高职生与自考本科生的思政理论课教学工作，兼任过班主任，担任过教研室主任、系部主任、学院办公室副主任

（主持工作），代理过教务处负责人，担任过院长助理兼任办公室主任，协助院长管理和处理各部门事务。这些工作经历，以及通过与其他民办院校的工作接触、调研走访，使我对民办院校的运行模式有了较为清晰的认识，对民办院校的管理有了独特的体会。

2016年4月，作者通过招考，进入浙江一所公办高等职业院校工作。身在公办院校体制内工作，使得作者有机会对民办、公办职业院校的比较性研究有了更为直接、更为深入的思考。作者利用工作之便，调研走访了一批公办高职院校，并与众多公办高职院校教师访谈，积累了很多基础性研究素材。此外，为夯实研究基础，作者积极寻求科研课题支撑，积累科研经验。将原有的工作体会与思考撰写成论文《浙江民办专修学院的现实困境与出路》发表在浙江树人大学学报，并成功申请到浙江省高等职业教育学会课题"以社团为载体推进浙江高职院校思政理论课教学改革研究"、浙江省教育厅课题"教、管、导三位一体下高职院校思政理论课探索与实践"、温州市社会科学界联合会与温州市教育局联合立项课题"温州高职院校思政理论课教师队伍建设路径探析"、温州市哲学社会科学规划课题"地方院校服务乡村振兴战略的路径探析"等。

需要特别说明的是，本书纯属学术研究与探讨，既不为民办院校"歌功颂德"，也不对公办高职院校"吐槽""批判"。

因为感恩，所以更努力；因为感恩，所以期待更美好！作者真心期待公办高职院校与民办高职院校教学互鉴，办得越来越好！由于作者水平所限，书中不妥之处，敬请批评指正。

作　者
2019年1月

目　录

第一章 总　　论

第一节　问题的缘起

我国的民办职业教育是在实力庞大的公办教育体系夹缝中逐步发展壮大起来的，其办学之路充满艰辛与坎坷，但又饱含生机与希望。民办职业教育不仅极大丰富了教育的形式与选择，为大量求学者提供了宝贵的受教育机会，为社会培养了大批优秀的实用型与适用型人才，而且创造了一个又一个教育"奇迹"，诞生了一大批优秀的民办职业院校，做出了令部分公办职业院校也难以企及的成绩。民办职业院校的办学经历值得认真分析，民办职业院校的发展经验值得全面总结，民办职业院校举办者的办学精神值得借鉴与学习。

然而，享有"得天独厚"的公办高职院校，尽管有政策的支持，有大量的财政投入，但依然面临着严峻的发展瓶颈，遭遇着一系列重大的现实问题。要化解公办高职院校的发展困惑，有必要从民办职业院校的"办学经验"中吸取营养，探索破解之道。例如，当前公办高职院校随着办学规模的发展，机构设置逐步增多，教职工数量日益增长。但是"人多"并没有出现"力量大"的局面，反而是行政化倾向更加明显，容易出现相互推诿，办事效率低的现象。纵观民办职业院校"人少"但"效率高"，"一个人的活绝不会去分给两个人去做"，且任务到人、责任到人，工作强度较大、工作态度较好、工作节奏快、工作成效较高。这种反差值得思索。究其原因，或许是公办高职院校提供了过于安逸的平台，一部分人员逐渐失去了斗志，变成了缺乏危机意识的享受者，甚至出现"有位才有为"。而民办职业院校是在危机中求生存，教职工是在努力奉献中获取精神、物质乃至生活上的回报，"有为才有位"，工作业绩是立足之本。对此，民办职业院校的发展经验对一些公办高职院校的启示需要引起学界的关注，作者将在本书中做进一步的探析。

第二节　研究现状

当前，对民办职业院校、公办高职院校的研究较多，截止到 2019 年 1 月 18 日，以"民办职业教育"为篇名关键词从中国知网上检索到的文章有 228 篇；以

"民办职业院校"为篇名关键词检索到的文章有 308 篇；以"公办高职院校"为篇名关键词检索到的文章有 227 篇；以"高职院校"为篇名关键词检索到的文章更是多达 122913 篇。然而，将公办与民办职业教育相结合研究的成果就相对较少，文章主要体现在以下几方面：

第一，公办与民办协调发展的研究，其主要的理论成果有：卫小春在《促进公办民办教育协调发展》一文中，提出要科学规划民办教育事业发展、推进民办教育分类办学改革、严格规范民办学校办学行为；陶西平在《为形成民办教育和公办教育共同发展的格局而努力》一文中，分析了民办教育发展的环境和问题，就如何形成公办学校为主体、公办学校和民办学校共同发展的格局问题，提出了要促进民办教育进入主流教育的行列、应当充分重视民办教育的发展性作用、对民办教育事业应当加强法制化管理、民办教育事业应当加大市场化调节因素、促进民办教育向实力型发展、加快民办教育多元化发展的步伐等。

第二，从教育的公平视角去探讨公办与民办高职院校的发展。黄鸿鸿、雷培梁在《福建省公办与民办高职院校的协调发展——教育公平的视角》一文中，指出了福建省公办与民办高职院校存在发展基础、办学经费、队伍建设、办学质量等方面的差异；倡导在当前福建高等职业教育发展的大背景中，面对教育的公益性原则，基于教育的公平准则，应当正视公办与民办高职院校的发展差异问题，积极采取各种措施，努力促进公办与民办高职院校全面协调可持续发展。

第三，对公办院校与民办院校合作模式的研究。刘秋菊在《论公办院校与民办院校的合作模式》一文中，通过校际合作的现状及意义进行阐述，并对校际合作的主要模式进行分析，从而发现校际合作模式中存在的问题，进而提出了相对应的策略建议，即校企合作共建专业、以教学实践较强一方为主体加强教学管理、以管理较强一方为主体加强学生管理、协调一致共建长效的校际合作机制等。

第四，优化教育分工、促进职业教育整体发展的研究。李之群在《公办高校在高职高专教育市场上可否为民办院校退一步》一文中，提出了"退一步进三步"的构想，意在建立一个合理的教育投资结构并实现有序的教育分工定位，最终达到国民教育的整体优化和全面发展。沈莉萍、张伟东、苏若葵在《浙江省公办与民办高职院校人才培养质量比较——基于省教育厅和省教育评估院的相关报告》中，通过分析浙江省教育厅质量报告和省教育评估院调查报告相关数据发现，浙江省公办与民办高职院校的教育投入差距逐年扩大，教育产出（人才培养质量）也呈相应趋势。为保证浙江省高等职业教育的健康发展，解决人民日益增长的优质高职教育需要与高职院校发展不平衡之间的矛盾，浙江省教育主管部门提出对全省民办高职院校学生给予生均财政拨款、注重职业教育公正性及吸引社会资本支持民办高职院校办学等建议。

通过梳理，可以发现目前学界探索民办教育对公办教育的启示性研究成果有限。截止到 2019 年 1 月 18 日，以"民办、公办、启示"为篇名关键词在中国知网上仅检索到 1 篇文章，即奚雅芬的《民办对公办的启示》。该文章也只是简单的阐述了民办学校的三点优势：民办学校有很多的办学自主权，民办学校有很强的办学质量意识，民办学校有促使教师队伍成长的良好氛围。该文章对于公办院校应该如何在民办经验中吸取营养并没有相关探讨，学界也缺乏对民办经验的系统性总结，这为本书提供了较大的理论研究空间。

第三节　研究思路与框架

民办院校与公办院校作为两大教育主体，二者之间存在竞争，但竞争不是为了"一方吃掉另一方"或是"一家独大"，而是以竞争促发展，实现二者的协同进步。双方也不只是竞争的对手，更是合作的伙伴，是共同致力于国家教育事业发展的"亲密战友"，理应相互学习、取长补短。尤其是"先天不足"的民办职业院校在充满艰辛的发展之路上积累了宝贵的办学经验，值得公办高职院校学习与借鉴。尽管民办经验对公办高职院校的启示已引起学界关注，但是相关的研究成果较少，仍有很大的挖掘和提升空间。本书侧重从以下几方面进行讨论：

第一，梳理民办职业院校发展轨迹。民办职业院校的发展与民办高等教育的发展阶段基本一致，主要经历了恢复重建期、复兴期、快速发展期、规范发展期、依法发展期等五个阶段。由于民办职业院校"先天不足"，存在众多薄弱之处，主要体现在办学经费来源单一、师资力量不强、科研氛围不浓厚、家族式管理现象突出、专业设置不科学等方面。为贯彻执行李克强总理关于"加快培育大批具有专业技能与工匠精神的高素质劳动者和人才"的指示精神，民办职业院校要发挥重要的技能人才培养作用，必须先从自身的内涵建设抓起，落实政策支持，完善财政保障，打造结构合理的"双师型"教师梯队，形成产学研相结合的人才培养模式，促进"规模、质量、结构、效益"统筹协调发展，并以此为契机促进民办职业院校的转型升级。

第二，探索民办职业院校的"相对优势"。民办职业院校相对于公办院校而言，最大优势在于其民办机制。民办职业院校机制灵活，有高度的办学自主权、灵活宽泛的用人机制、相对合理的分配制度、自我突破的精神；民办职业院校机构设置精简，"人员精干"，部门之间团结协作；民办职业院校高速运转，注重实效，以提升学生满意度为目标，以解决实际问题为导向，解决问题群策群力同时又责任到人，以工作出成效为核心，做到"忙而不乱""忙出成效""领导带头是关键"；民办职业院校注重考核，优胜劣汰，分类对教学能力、带班能力、管理能力、招生能力等"四个能力"考核，倡导待遇留人、感情留人、制度留人等"三留人"原则，同时对教职工通过"合同制""考核制""淘汰制"进行"大浪淘沙"。

第三，探索公办高职院校发展面临的现实问题。相对民办职业院校，一些公办高职院校机构臃肿、负担沉重，部门机构设置过多，行政化倾向严重，专业教师占比较低，各类"编外"用工过多；公办高职院校务虚过多、实效不强，各类会议繁多，"为开会而开会"，"官僚"风气较为严重，存在"只唯上、不唯下"现象、"不负责任、敷衍推诿"现象、学生干部滋长"官风"现象；公办高职院校办事程序繁琐、缺乏效率，审批流程复杂、事项办理进展不清、"最多跑一次"改革有待深入，同时监督机制效力有待加强，监督意识淡薄、缺乏自觉性，监督管理缺位、威慑力不够；公办高职院校缺少危机感、缺乏拼劲，对于教师管理较为宽松，上班时间较为自由、工作任务相对较轻、考核标准相对较低，"淘汰机制"也尚未建立，考评结果的功效还未充分发挥，教师队伍的退出机制还未建立，干部的退出机制还不完善，"事不关己"心态也普遍存在，认为招生与己无关、学科建设与专业发展也与己无关、学校发展更与己无关；公办高职院校人才引进困难，人才培育成本加大，人才流失现象较为严重等。这些问题是当前公办高职院校有待解决的现实难题。

第四，探索民办职业院校发展经验对公办高职院校的启示。（1）要注重顶层设计，加强体制性改革。轻装上阵，推进公办高职院校"去行政化"，逐步取消学校实际存在的行政级别和行政化管理模式。精简管理机构，提升管理效能，深入推进行政管理岗位聘任制管理。逐步解决众多历史性遗留问题，消除部分高职院校的"派系之争""近亲繁殖"现象。推行公办高职院校后勤社会化改革，重点解决学生普遍关切的问题，严格控制后勤人员占比，实行后勤公司化运作。（2）建立一支适应新时代需求的师资队伍。严把教师入口关，引进优秀实用人才。注重选拔"肯干活""能干活""一人能挑多岗"的实用型人才。注重教师培养，激发教师工作热情，完善教师考评机制，优化教师队伍。（3）倡导勤俭治校，强调资源效益最大化。公办高职院校"有钱也不能任性""钱要花在刀刃上"，要重视办院校的"精打细算"。

第五，探索公办高职院校的发展方向。面对民办职业院校的竞争与挑战，公办高职院校"走向何方"？值得关注与思考。公办与民办职业院校要在合作中求共赢，要建立良好的合作协调机制，创建可行性合作模式，实现两者资源的支持与共享；要探索公办、民办职业院校合作办学新形式，在公办高职院校中引入民办机制合作办学，倡导公办与民办教师合理流动，推行公办与民办职业院校之间干部交叉任职；公办高职院校明确办学定位，与民办职业院校合理分工，找准自身科学定位；建设一流高职院校的冲锋号已吹响，高职院校或将面临"大洗牌"，出路在于"升级"，提升内涵，当务之急要选择合适发展方向，主要有：混合所有制办学是高职院校发展新路径，中外合作办学是高职院校发展新契机，高职本科模式是探索高职院校发展新模式。

第二章 民办职业院校的发展

民办职业院校的发展与民办高等教育的发展阶段基本一致。由于民办职业院校"先天不足"，存在众多薄弱之处，民办职业院校内涵式建设的发展之路异常艰辛，但其转型升级又充满希望。

第一节 民办高等教育的发展阶段

回顾40年来我国民办高等教育的发展，国内学者对其发展阶段，按照各自的标准，有"三阶段""四阶段"和"五阶段"等划分方式。根据我国民办高等教育规模和数量的变化，作者认同大致可以将其划分为以下五个阶段：

一、恢复重建期（1978~1983）

长久以来，我国民办高等教育的复兴究竟从何时算起，众说纷纭。有的认为其起点应是1978年10月湖南长沙中山业余大学创办补习班，有的认为应是1982年3月北京创办的中华社会大学。目前，比较公认的看法是把中山业余大学作为我国改革开放后民办高等教育的雏形，把1982年创办的中华社会大学作为民办高等教育复兴的标志。其实，无论是湖南长沙的中山业余大学，还是北京的中华社会大学，都只能说是"助学机构"，而非严格意义上的学历教育。但恰恰是这种"助学机构"，为后来我国民办高等学校的发展奠定了基础。1982年12月4日五届全国人大五次会议通过的《中华人民共和国宪法》规定："国家鼓励集体经济组织、国家企业事业组织和其他社会力量按照法律规定举办各种教育事业。"这一规定为发展民办教育提供了法律依据。此后，全国各地陆续出现了一批以自考助学、文化补习和职业技能培训等为主要办学形式的教育机构。到1983年，北京已经有4所这样的教育机构，其中面授与函授的教育机构各2所。

二、复兴期（1984~1991）

1984年3月，北京海淀走读大学——第一所国家承认学历的民办高校诞生，极大地鼓舞了民间办学的热情。在短短的2年时间里，全国民办高等学校迅速发展到370所。1986年通过的《中华人民共和国义务教育法》规定："国家鼓励企业、事业单位和其他社会力量，在当地人民政府统一管理下，按照国家规定的基本要求，举办规定的各类学校。"同年 9 月 11 日，由国务院办公厅转发的《国家教育委员会、国家计划委员会、财政部、劳动人事部关于实施〈义务教育法〉若干问题的意见》中，添加了"个人依法办学可以试办"的规定。在此期间，《中共中央关于经济体制改革的决定》《中共中央关于科技体制改革的决定》《中共中央关于教育体制改革的决定》相继颁布，国家教委也先后颁布了《关于社会力量办学的若干暂行规定》《社会力量办学财务管理暂行规定》《社会力量办学教学管理暂行规定》等规章制度，为民办教育的发展奠定了基础。

据统计，2000 年 37 所具有颁发学历文凭资格的民办高校中，有 11 所创办于 1984~1985 年，包括北京海淀走读大学、后江大学、凉山大学、中原职业学院、黄河科技学院、西安女子培华大学、福建华南女子职业学院、浙江树人大学、长江职业学院、湖北函授大学、天津联合业余大学。这一时期民办高等学校的特点是"无校舍、无资金、无教师"，主要是依靠租用校舍、聘请教师来实现低成本扩张。由于有些学校办学不规范、办学质量低、盲目追求经济利益，因此，这一时期，社会各界和教育主管部门基本是采取纠偏的姿态。一方面对民办高校进行清理整顿，撤销了一批不合格的学校；另一方面，对民办高校的增设进行了限制。从 1987 年到 1991 年年底，全国民办高等学校及民办高等教育机构数量，从 1986 年年底的 370 所增加到 450 余所，平均每年增加 16 所。与此同时，由于 20 世纪 80 年代末 90 年代初，社会关于"姓社姓资""姓公姓私"的争论异常激烈，从总体上看，各方面都无暇顾及民办高等教育的整体发展。在社会意识形态领域争议四起的背景下，复兴的民办高等教育似乎从复兴之日起就预示着今后发展之路的坎坷与艰辛。

三、快速发展期（1992~1996）

1992 年年初，邓小平发表南方谈话，整个社会思想得到了进一步解放，一些传统的思想禁锢被打破，民办高等教育进入了快速发展时期。1993 年 2 月，《中国教育改革和发展纲要》颁布，其中提出"改变政府包揽办学的格局，逐步建立以政府办学为主体社会各界共同办学的体制"，并对民办教育的发展提出了"积极鼓励、大力支持、正确引导、加强管理"的方针。与此同时，具有我国特色的学历文凭考试于 1993 年开始试行，北京市率先在 15 所民办高校的 15 个专业试行学历文凭考试。1994 年 2 月，国家教委首次受理和审批了民办黄河科技学院、上海杉达学院等 6 所民办高校颁发学历文凭。此后，全国民办高校急剧增加。以陕西省为例，陕西省 1993 年仅全日制民办高校就达 101 所，另有业余制民办等教育机构 60 余所，当前陕西省具有较强实力的民办高校多是在这一阶段成立的，如西安外事学院（原西安外事服务培训学院）、西京学院（原西京职业大学）、西安欧亚学院（原西安涉外人才培训学院）、陕西服装艺术学院（原陕西服装培训学院）等。这一时期民办高校发展的特点是：学校数量多，办学层次多，举办单位类型多，办学人员以年富力强的中青年为主。事实证明，陕西民办高等教育能在 21 世纪走在全国的前列，与这一时期年富力强的办学者加盟具有一定的相关性。从全国来看，根据有关部门的统计，1994 年全国有民办高校 880 所，至 1995 年已经发展到了 1209 所，一年间净增 329 所，相当于每天成立一所民办学校，由此可以看出当时人们对举办民办高校的热情之高。今天回过头来看，当时民办高校的大发展，也从另一个侧面反映出社会举办民办高校的非理性和政府审批中存在的盲目性。这种非理性和盲目性，给此后许多民办高校的发展埋下了一定的隐患。

四、规范发展期（1997~2001）

1997 年国务院发布《社会力量办学条例》，这是新中国成立后第一部民办教育行政法规。《社会力量办学条例》的颁布，标志着我国民办高等教育进入了规范化发展时期。一方面，全国各地通过第二次换发《办学许可证》，对民办高校进行了大规模的清理和整顿。如陕西省为了规范办学行为，注销了陕西炎黄文化进修大学等一批办学机构。据统计，1996 年全国民办学校为 1130 所，1997 年减少到 1115 所，1999 年为 1277 所，2001 年为 1415 所。尽管在此期间，有一批民办高校被关闭，但在总体上，民办高校数量仍呈上升趋势。这一时期民办高等教育发展的主要特点是涌现了一大批"三高"学校，即高起点、高投入、高标准，如天狮职业技术学院、广东潮汕职业技术学院、宁波大红鹰职业技术学院、西安思源培训学院等。全国民办高校的校园建设、办学条件发生了巨大改变，极大地缓解了以往办学的"三无"状态。与此同时，民办高校之间的差距也日益明显，竞争日趋激烈。一些办学条件较差的学校退出市场，有的则被其他高校兼并重组。如西安外事学院 1997 年以来，先后并购了即将倒闭的西安科技学院和西安工业专修学院。

五、依法发展期（2002 年至今）

2002 年 12 月 28 日《中华人民共和国民办教育促进法》的出台，以及 2004 年《中华人民共和国民办教育促进法实施条例》的出台，标志着我国民办高等教育进入了依法办学、依法管理的新的发展阶段。尤其是关于举办民办高校可以适当取得合理回报的规定，虽然由于主客观原因没有得到很好的贯彻和落实，但无疑是对我国以往高等教育办学理念的一次重大突破，也是对我国以往大学制度的重大突破。这一规定的出台，使我国民办高等教育的相关制度更加接近民办高等教育目标，对于我国民办高等教育的健康发展产生了重大影响。

第二节　民办职业院校的薄弱之处

民办职业院校的薄弱之处主要体现在办学经费来源单一、师资力量不强、科研氛围不浓厚、家族式管理现象突出、专业设置不科学等方面。

一、经费来源较单一

民办教育办学经费的来源主要有办学者的前期投入、收取学生的学费、政府的资助、社会的捐赠以及学校面向社会开展服务与销售等收入。对我国民办职业院校而言，其学费收入所占的比重过大，举办方投入、政府拨款、社会捐赠、科研及服务收入的比例较低，经费收入尚属于单一式的筹资模式，所以办学经费短缺现象非常突出，其主要原因是尚未建立多元化的经费筹措体制。

（一）举办者投入

举办方投入是我国民办职业教育经费的重要来源。我国民办职业院校的举办方类型多样，包括个人、企业和社会团体等。举办方的资金主要用于学校的起步阶段，在学校的后续发展中，不同举办方的投资情况有所差异。有一些举办者对学校的大部分投入只是暂时把资金借给学校，在学校进入正常运营阶段之后便收回前期投入，部分举办者在收回前期投入基础上还会追求合理回报。

（二）政府投入

我国《民办教育促进法》规定："县级以上各级人民政府可以设立专项资金，用于资助民办学校的发展，奖励和表彰有突出贡献的集体和个人。"我国民办职业院校的政府投入主要分为直接资助和间接资助，其中直接资助主要是给予院校财政拨款、建校启动经费、提供教学仪器及图书等，间接资助主要是税收优惠、土地优惠、学生资助等。近几年，各级政府对民办职业院校的财政扶持力度有所增大，但主要是以间接资助为主，政府直接投入的经费较为有限。

（三）社会捐赠

我国社会捐赠事业仍处于起步阶段，社会捐赠的社会氛围和制度设计都有待提高。当前，接受社会捐赠（包括企业捐赠、校友捐赠等）较多的主要是国内重点本科院校，公办高职院校接受的社会捐赠非常少见，主要通过技术入股、成果转入等形式获取社会资金。对于民办职业院校而言，社会捐赠更是少之又少，既缺少优秀企业家校友和庞大的校友会平台，也缺少过硬的技术与专利成果吸引社会资金，使得社会捐赠占办学总经费的占比很低。

（四）科研服务收入

培养人才、科学研究、社会服务是高校的三大职能。随着民办职业院校规模的扩大和办学条件的改善，民办职业院校开始注重科研的发展。很多民办职业院校在某些研究领域已经取得了一定的成果，并通过承担横向课题的形式扩大了学校的经费来源。横向课题是民办职业院校扩大对外联系、服务地方经济、提高科研水平和知名度的重要途径。民办职业院校获得横向科研经费的形式主要有两种，一是个人对外提供服务，二是学校或某个学院、研究机构对外服务。从整体上看，我国民办职业院校的科研实力依然较弱，科研及服务收入在学校总收入中的比例较低。

二、师资力量较薄弱

目前，民办职业院校对于优秀人才难以"引得进"，其师资来源主要是应届大学毕业生、公办院校的退休教师以及少数其他院校跳槽或兼职的教学和管理人员，从而形成了"两头大、中间小"的师资格局，教师与年长教师偏多，而精力充沛且教学经验较丰富的中年教师较为缺乏，使得"老、中、青"相结合的梯队出现断裂，难以达到"传、帮、带"的效果。更为严重的是，民办职业院校自行培养的骨干教师在积累一定工作经验、获得职称的晋升后也因各种原因辞职或跳槽到其他院校，流动性较大。对于民办职业院校而言，优秀人才"引不进"与"留不住"是其师资队伍建设的最大痛处。与公办高职学院相比，民办职业院校的师资力量明显偏弱，主要原因有以下几方面：

（一）民办与公办高职院校教师政策的差异性

民办与公办高职院校同为高等职业教育的重要组成部分，然而国家对二者的待遇却天壤之别，一个为民办非企业单位，一个为事业单位；一个是经费来源靠学费支撑，一个是经费来源由国家财政支持。尽管从法律地位看，民办与公办职业院校教师具有完全平等的地位，这在《民办教育促进法》及其实施条例中已有明确的界定。但现实是二者仅仅由于所属教育机构类型不同、隶属关系不同，民办职业院校的教师在职称评定、工资待遇、住房、医疗、社会保障、人事调动等方面很难享受与公办教师同等的待遇。在此背景下，公办高职院校自然具有天然的优势，而民办职业院校却变得"毫无吸引力"。这样使得民办职业院校不仅难以吸引人才，而且容易导致多年培养的骨干教师不断向公办高职院校跳槽。民办职业院校的教师岗位并非是有着高校教师梦的应届大学毕业生们首要选择，而是被公办院校挡在门外之后"退而求其次"的无奈之举。这里成为他们褪去青涩、逐渐成熟的"培训站"，成为他们考取高校教师资格证、积累教学经验与成果、获取职称晋升的平台，一旦条件成熟，有机会进入公办院校工作，离岗辞职已成必然。

（二）体制内的诱惑力无时不在

受传统思想的影响，体制内的工作被众多求职者认为"安稳""光鲜"，也成为他们理想目标之一。要求得一份体制内有编制的工作，那就需要参加各类的招考。当前很多类型的招考条件中都加入了基层工作经历的要求，将很多应届毕业生排除在外，这给众多年轻的民办职业院校教师增加了一份希望。教师们的节假日较多，相比其他职业人员有着相对充裕的时间去复习备考。此外，教学经历不仅是各类知识的有效积累，而且对于思维能力、表达能力等都是很好的锻炼，这也使得教师们在招聘考试中容易脱颖而出。因此，每年从民办职业院校考入各级党政部门、各事业单位甚至国有企业的大有人在，导致民办职业院校的优秀教师大量流失。

（三）民办职业院校引进的优秀人才尚有一个融合、适应期

各民办职业院校为了提升师资力量与师资水平，花费较大成本代价从其他院校引进教学与管理人员，也聘请了一部分有高级职称的退休教师。这些优秀的师资人员能否适应民办职业院校的工作节奏、工作条件、教学环境、学生基础、学习氛围等，也是一个非常现实而艰难的问题。尤其是对于从公办重点院校退休的高级教师，他们之所以选择去民办职业院校，无非是为了"地域环境优美，适合养老""挣钱"或是"真心热爱教育，想继续发挥余热"。然而，他们真的去了民办职业院校才发现之前的工作环境、教学氛围、学生的学习态度等都和民办职业院校有较大差别。尤其是教学任务、教学压力明显增加了很多，所挣的钱都是"辛苦钱"，一定是先有辛勤的付出才可能获得约定的酬劳，繁重的工作也已经偏离了"养老"的初衷；面对艰难的课堂管理，也许之前想在教育战线上发挥余热的信念也开始动摇，最后的结果就是"失望而归"。因此，这无疑加剧了民办职业院校师资队伍的流动性，影响了整体师资力量的提升。

（四）民办职业院校对师资培训与继续教育的力度不大

公办高职院校内都设有教师专项培训经费，鼓励教师参加学术性会议，也鼓励大家利用假期有计划的外出培训学习。而民办职业院校受经费的限制，很难有机会参加例如"国培""省培"等项目，加上平时工作量较大，也难以抽出时间去参加学科领域的"备课会""研讨会""学习会"。所谓"见多识广"，民办职业院校教师只有多走出去，才能见识到与时俱进的前沿知识，才能发现自身的不足，才能更好地鞭策自己学习进步。否则，封闭只会让人落后。此外，民办职业

院校的青年教师的学历层次相对公办院校而言明显偏低，有不少是本科学历。尽管近些年招聘考试以研究生为主，但是基本上是硕士研究生，博士研究生占比非常低。广大青年教师要更好地从事高等教育工作，提升学历已是大势所趋且日益紧迫。但是，当前民办职业院校对青年教师继续教育的支持力度明显不够，在师资力量本身较为紧张的情况下难以让教师脱产学习，而且在学校经费不足的情况下还有为参加学习教师支付相应的费用，更让学校"深感为难"。因此，这在很大程度上也限制了民办职业院校师资力量的提升。

三、科研氛围不浓厚

（一）决策者认识不足与科研机制不健全

由于部分民办职业院校的举办者和管理者对学校科研工作的认识不足，认为"民办职业院校的科研讲起来重要，干起来次要，忙起来不要"；甚至有人认为"民办职业院校定位是培养的服务型、应用型人才，不具备搞科研的条件，无法开展科研工作。"这是在宣扬民办职业院校的"科研无用论"，完全否定了科研对民办职业院校建设的重要性与必要性。在实践中则普遍存在片面办学理念，认为民办职业院校抓好教学、注重教学质量就行，有的管理者甚至把民办职业院校人才培养与教学工作等同起来，把教学工作与教师的任务等同起来，单纯强调教学工作，这显然是不客观、不全面的。

近几年，政府一直在抓民办院校的科研建设，要求实施"科研能力提升计划"。但是，有的民办职业院校的科研仍然没有上轨道，处于徘徊观望状态。由于领导科研意识不强，仍然有部分民办职业院校未设立专门的科研管理机构，这些学校没有进行科研相关工作，或者从事科研有关工作，但其管理由学校教学管理部门兼管，形成了教学科研科、教学科研工作部等部门。而且，较多民办职业院校虽然有独立的科研管理部门，但成立时间不长，缺乏科研管理经验。还有少数民办职业院校竟然把不懂科研工作的党务干部派去主管科研，部分民办职业院校二级院（系）科研工作无专人管理，缺乏有效引导与指导，无法形成科研团队，缺少科研凝聚力。科研工作管理制度不健全、不规范，上级检查时，制定几条管理制度或应急措施应付，检查一过就束之高阁，没有健全系统、规范的规章制度体系。由于以上这些因素，民办职业院校的科研组织及管理工作受到较大的影响。

（二）基础薄弱及引进科研人才有难度

民办职业院校由于建校时间相对较短，多半都只有几年到十几年的办学历史及文化积淀，教师群体以年轻人为主，年龄主要集中在 25~45 岁之间，而学历方面则以本科、硕士研究生居多，博士相对较少：从职称结构上看，助教、讲师居多，副高、正高职称相对较少，具有出国深造及在国内资深研究机构学习工作经历的人数更是极少，从而使得民办职业院校科研基础显得尤为薄弱。

由于民办职业院校教职员工没有或者少有进入到国家事业单位编制体系中，没有所谓社会公认的"铁饭碗"，致使一般的民办职业院校引进并留住科研人才难度大，许多优秀人才选择进入到一些公办高校或者企业工作，或者选择以民办职业院校为跳板，在完成第一个短期合同后，跳入公办高校或者企业工作，在此情况下，引进人才，建立成体系的科研队伍难度较大，这给一般的民办职业院校科研工作带来了较大的影响。

（三）科研经费投入不足

民办职业院校的经费来源主要依靠举办者投入及学校的学费收入。一般情况下，经费额度十分有限，在开支掉学校运行所需的教学成本、教职员工薪资福利、办公经费及其他一些必需支付的费用后，所剩无几，甚至还难以为继。如果学校的办学历史较长，学校的经济积淀比较雄厚，资金相对充足，可能会有一定的经费投入科研工作。若学校举办时间不长，则没有较多的资金积累，学校的经费相对紧张，如再遇上学校扩大办学规模，需要进行基础设施建设如修建教学楼、学生公寓等，则会使学校的经费更为困难，甚至有可能使得学校的财政处于赤字状态。如此一来，学校便没有过多的经费来支持科研工作。

一般的民办职业院校由于其科研水平和能力十分有限，科研队伍和人员配备不理想，加之国家和各省各部委的各种有形及无形限制，使得民办职业院校科研人员在申请国家自然科学基金、国家社科基金、教育部人文社科项目等资助力度较大的课题项目时难度较大，获得资助的比率极低或者无法获得有关资助，重大的外来经费获取十分困难。

另外，我国众多民办职业院校中，大部分办学时间都较短，在科研方面的积累和经验都十分不足，缺乏可以投入生产、能进行科技成果转化的专利及技术等科研成果，缺乏能攻克某些科研难题及关键技术的科研核心团队，从而使得民办职业院校的校企合作和科技成果转化严重受阻，各种企业的科研经费难以引入学校，社会科研资金不能很好地使用。

民办职业院校从自身角度、从政府角度以及从社会角度来看，科研经费的投入力度都较小，引入经费很少，从而导致民办职业院校严重缺乏科研经费。导致民办职业院校的科学研究尤其是自然科学研究方面的研究严重受阻甚至停滞不前，进而继续影响科研经费的获得，逐渐形成一种恶性循环，致使民办职业院校的科研事业难以获得实质性的突破，也难以得到发展壮大。

此外，民办职业院校的科研评价机制不健全、科研奖励制度不完善，没有建立有力的激励和考核机制，从而影响民办职业院校教师科研的效率与积极性，致使学校科研水平较低，校园里学术气氛比较淡薄。

四、家族式管理突出

民办职业院校依靠民办机制建立起来的管理体制大致有三种：第一种是家族式团队管理体制；第二种是非专业团队管理体制；第三种是专业团队管理体制。不管在什么国家，不管民办职业院校的历史长短、水平高低，民办机制都可以通过这三种体制发挥作用。在有些高等教育发达国家，民办职业院校的办学已经超越了前两种体制，实现了向第三种体制的过渡。在我国，民办职业院校总体上还是依靠前两种体制，甚至主要是依靠第一种体制办学。

在早期发展中，民办职业院校往往采用家族式团队管理体制。初创中的民办职业院校，事业刚刚开始，办学规模不大，需要的工作人员相对较少，但特别需要精诚团结、高度一致、高效精干的管理团队，这时家族式管理体制有其独特优势。"夫妻店""父子兵""兄弟连"往往能够形成非常有效的工作团队，使民办职业院校实现快速发展，完成必要的"原始积累"。这是典型的民办机制的产物，家族式团队管理的权力不是来自于公权或政府授权，而是社会自生的，是来自市场的权力，通过民办机制影响学校的运行。随着民办职业院校的发展壮大，家族式团队管理体制的问题逐步暴露出来，其主要表现在家族式利益获取方式和利益分配矛盾上。由于利益是家族式团队的，而家族式团队的利益又是排他的，是一种私人利益，所以，在民办职业院校很难形成一种全校一致的共同利益关系。教职员工的身份或等同于"雇工"，他们所从事的是一份谋生的职业，教职员工的工作常常缺乏保障，缺少职业的安全感。不仅如此，在家族式团队内部，由于利益分配不均而引发的家族团队成员之间的矛盾冲突亦屡见不鲜。利益和利益分配矛盾往往使民办职业院校发展到一定程度后便步履维艰，再难有更大的发展。民办职业院校要想走出以家族利益为核心的"家庭作坊式办学"，发展成为现代大学，承担起广泛的社会责任和使命，必须超越家族式团队管理体制。

非专业团队管理体制不是以家族人员为班底组建的，而是在举办者家族成员之外，通过民办机制组成的民办院校管理体系。在实行非专业团队管理体制的民办职业院校，初步实现了举办者和办学者的分离，举办者为社会公民或有关企事业机构，办学者则接受举办者聘用或委托，负责学校日常运行与发展。办学者一般具有丰富的高等教育工作经历，很多人还具有在公办院校担任党委书记、校长或主要管理者的资历。与家族式团队管理体制相比，非专业团队管理体制使民办职业院校的办学超越了家族利益，教育的公益性在民办职业院校的管理体制上得到了体现，有利于教职员工形成利益共同体，从而增强民办职业院校的凝聚力，提高教职员工对学校的忠诚度。然而在有些民办职业院校，尽管组成了非专业管理团队,但家族成员仍对学校办学施加某些有形或无形的影响,使民办职业院校的办学依然难以走出家族办学的循环怪圈。

五、专业设置不科学

目前,民办职业院校专业设置不够科学,人才培养体系不完善,还没有形成结构科学合理的技能型人才培养体系,主要表现为以下几个方面:

第一,主动适应经济社会发展需要的意识不明确,人才培养计划没有体现出职业教育的时代性、前沿性、社会性,缺乏培养学生社会责任感的大局意识;理论教学与实践教学存在脱节,没有突出职业教育应有的应用性与技术性,难以提升解决实际问题的技术应用能力;忽视学生全面发展的需要,没有体现职业教育的自主性和长远性,难以强化学生核心技能和核心能力的培养,也不利于学生的兴趣选择和个性化发展。

第二,在专业设置上,由于受经费短缺、师资力量有限等因素制约,一些民办职业院的专业设置普遍偏重于文科,甚至不少民办职业院校的专业完全是人文社会类,原因在于文科类专业"简单省事""投入少",不仅省去不少实验实训基地建设成本,而且专业教师的招聘也相对容易很多。此外,民办职业院校生源质量较弱,学生基础较差,学习文科专业相对容易毕业。其结果导致民办职业教育结构单一,不利于教育多样化发展的需求。

第三,民办职业院校对专业设置往往都是追求数量和追求热度,专业设置缺少自身特色,同类院校之间的重复率偏高,热门专业一哄而上,低水平、重复办学的现象依然严重。专业设置与产业结构适应程度比较低,与区域经济的契合度不够,专业设置的市场调研严重滞后,开设适应区域经济发展的急需专业速度较慢。例如,相当一部分学校开设较多的是一些文科类如财务管理、会计等"短、平、快"专业,而市场需求紧缺的技术技能型专业,如装备制造、机械设计等设置较少,高技能人才培养严重不足,服务区域产业发展作用较为有限。

第三节 民办职业院校的内涵建设

李克强总理在 2016 年 12 月 2 日召开的推进职业教育现代化座谈会上做出重要指示:"加快培育大批具有专业技能与工匠精神的高素质劳动者和人才。"民办职业院校要在其中发挥重要的技能人才培养作用,必须先从自身的内涵建设抓起。

一、落实政策支持,完善财政保障

落实对民办职业院校的分类扶持政策。全国人大于 2016 年 11 月 7 日通过的

《全国人大常委会关于修改<中华人民共和国民办教育促进法>的决定》明确规定"民办学校的举办者可以自主选择设立非营利性或者营利性民办学校"。因此，通过实行对民办职业院校的分类管理，明确民办职业院校法人属性，一方面推动政府公共财政对非营利性民办职业院校的资助，使其享受与公办高职院校发展的同等政策和条件。同时，通过税收减免政策，引导企业和社会捐赠，加大非营利性民办职业院校的经费来源渠道。另一方面，保护投资者的合理回报，要让举办者投资职业教育"取得合理回报"的政策具有可操作性，给予民办职业院校合理的营利空间，保护投资者持续的投资热情。对于办学效益突出的营利性民办职业院校，政府通过表彰、奖励等措施，营造良好的服务环境，促进其办学可持续发展。

制定有力的法律法规政策。民办职业教育要享受到同公办职业教育平等的待遇，获得社会的正确认识还需立法的保障。例如，出台一部专门的《民办职业教育法》，使民办职业院校能享有公平的待遇，保障投资者的利益，促进民办职业院校办学条件的改善和教育质量的提升。

给公办与民办职业院校同样的招生待遇。如在同一批次录取中实行公办和民办职业院校同等顺序招录，扩大招生自主权，让学生自主择校。从职业教育发展态势来看，民办职业院校在初期是处于劣势，但从长远来看，公办、民办公平竞争的政策设计势必激发民办职业教育深化内涵、加速转型、提升层次。

解决教师"退养"问题。要给予公办和民办职业院校教师同等的社保政策待遇，作为"育人"主体，教师没有公、私之分，所以政策执行也是统一的，社会保障一视同仁，这既是公办、民办教师合理流动的前提，也是"落实民办教师与公办教师同等待遇"的体现。政府需要遵照"教育公平公正"原则，建立民办院校教师社会保障的新机制，建设公办、民办教师统一管理平台，通过政府购买服务的方式，执行统一的财政支持政策，实行公办、民办教师无差别的社会保障待遇。同时，保障民办教师的专业权益，建议各级政府和教育行政部门依法保障民办院校教师和公办院校教师在表彰奖励、专业培训、科研申报、立项和经费资助等方面的同等待遇。

出台民办职业院校免费入学政策。对于选择就读民办高职院校的学生，国家可考虑对部分培养乡村振兴紧缺人才专业（如农类专业）免收学费，由中央和地方政府分担全额学费，补贴民办职业院校，进一步刺激入学需求。

完善财政保障政策。要着力推进公共财政资助民办职业院校的政策和制度，营造公平的发展环境，让民办职业院校在合理的财政资助下加强自身建设，提高教育质量和特色，办出水平。当前，民办职业教育需要良好的硬件环境和人才资源，这些都需要足够的经费作保障，单靠其自身来解决其资金与收入困境，是很难实现。虽然公共财政资助民办职业院校的力度有所加大，但与其培养人才的实际需要还有相当大的差距。要不断拓宽公共财政资助民办职业院校的涉及面，丰富资助形式。要逐步完善差额补助、定额补助、项目补助、奖励性补助等多元化的公共财政资助民办教育体系。为推进公共财政资助政策的实施，政府部门要对资助款项使用进行合理有效的引导和监督。

民办教育的特性就是办学经费来源的多元化。民办职业院校在发展过程中需要采取多种渠道、多种形式来筹集资金。一方面要整合现有资源，减少与学校办学核心定位不相符的其他层次类型的教育，集中优势突出办学特色；另一方面，应以增收节支为重点，加强财务管理，健全内部监管机制，合理控制办学运行成本，有效利用资源，为学校的可持续发展和人才培养质量的提升提供财力保障。

通过一系列强有力的政策改革，为民办职业院校的可持续发展提供良好的政策环境和制度保障，使办学者安心，求学者有门。

二、"规模、质量、结构、效益"统筹协调

民办职业院校的发展不能盲目求规模扩大，而是要走"规模、质量、结构、效益"协调发展之路，特色强校，促进民办职业院校可持续发展。华中师范大学秦在东教授指出"在高等教育的发展过程中，规模、质量、结构、效益、体制等众多因素里，质量是大学发展的核心动力，是大学效益的原发资源，是大学规模的底线保证"。因此，民办职业院校必须做好其"软肋"即教学设施、教学秩序、课程体系、教学方式、教师队伍等的质量提升。随着高等教育大众化的推进，由于公办普通本科、专科教育的扩招、高考生源的减少、高等教育形式的多样化（函授、自考、网络教育、电大、出国留学都是获取高等教育文凭的有效途径）等原因，导致民办职业院校发展到现在，遭遇严重的生源危机，面临严峻地挑战，必须走"规模、质量、结构、效益"统筹协调发展之路，以破解生存困境。

对此，在国家政策层面，政府应放宽和逐步取消对优质民办职业院校招生指标的控制，加强政策和资金扶持，积极稳妥地把握好政策与法制的尺度，健全与完善各种防范与化解民办教育风险的预警与应急机制，贯彻并完善《民办教育促进法》，扩大教育资源，并积极实现教育公平，以保证优质民办职业教育规模的稳定发展。同时，注意调整教育结构，坚持整合、改造、提升、转型、新增并举的专业建设方针，加快专业结构调整步伐。对符合标准的民办职业院校，可适当鼓励其开展民办本科职业教育，以促进高技能人才培养层次的上移，更好地满足社会对高层次技能人才的需求，改善本科教育与社会用人需求之间的结构性失衡。

此外，要解决民办职业教育前途问题，即为毕业生接受更高层次教育提供渠道，也为民办职业院校创造更好的发展空间。从区域结构上，要加大对欠发达地

区民办教育的扶持，引导其及时根据当地区域产业特色调整学科结构和专业设置。对于社会需求人才不多的专业，及时更换调整；对于市场暂时需求虽小、预期受益低，但是对于社会文化发展有益的冷门学科、长线专业，政府应更多地承担起责任，给予积极支持；对于与国民经济建设密切相关的新兴专业、急需专业，政府可以采取非常规的手段予以支持，努力打造成品牌，做大做强，以发挥其品牌优势的引领作用。无论是规模发展，质量提升、结构调整，说到底，是为了效益问题。只有满足用人单位的需求，满足教师的需求，满足学生的需求，才能更好地为地方经济社会发展服务，实现社会效益和经济效益双丰收。只有把握好"规模是基础、质量是核心、结构调整是主线、效益是目的这一指导思想"，真正做到规模、质量、结构、效益的有机协调和统一，才能实现民办职业教育的可持续发展。

三、产学研相结合的人才培养模式

以产学研结合的人才培养模式为切入点，科学发展，增强民办职业院校的内涵建设。全国各地各类职业院校都在积极探索技能型人才培养模式，在吸收国外先进职教理念和经验的基础上，提出了"专业柔性化""课程综合化""课程项目化""教室车间化""教室工厂化""理论——实践一体化""重基础、活模块""订单式"等教学模式，其共同特点是通过产学合作、校企合作优化专业结构、课程设置和实践设施条件，提高学生的职业能力，以适应产业结构调整、就业岗位变化的需要。同时，随着国家职业技能鉴定体系的逐步完善，职业院校普遍实行"双证书"制度，要求学生在取得毕业证书的同时必须取得社会认可的职业资格证书或职业技能证书，以提高学生的就业竞争力。

要正确定位民办职业院校教育的人才培养目标和培养模式，除学术研究型、专业基础学科类的教学外，其办学目标要以适应经济社会发展和市场需求为导向，其专业与课程设置要理论联系实际，以实践技能为本位，以实践创新为动力，不断深化教学改革，以就业率为杠杆，不断创新适应学科专业的课程体系，要转变"专业离开市场转、教学离开就业转"的陈旧教学模式。同时，民办职业院校的专业设置、专业建设和课程建设等都应努力实现以"三个导向"（就业导向、市场导向、社会需求导向）为核心的根本转变，办出"品牌"专业。

应将专业建设与课程设置与时俱进，把握与处理好"两个度"，即："市场关联度"与"社会认知度"，要打破专业与课程设置"一贯制"和"静态制"的照搬、照抄的教条主义教学方式，进行"动态制""特色制"的实践改革。在课程设置上要倡导"三用三精"的原则，即"基础课以够用为原则，提倡精选；专业课以实用为原则，提倡精干；实习、实训课以实践应用为原则，提倡精创。"这样才能把"花哨"式的教学模式、教学方法转变为"捆绑"式的理论联系实际紧密结合的一体化的教学模式与教学方法。

对人文管理类专业要增强改革创新意识，着眼市场需要，积极探索培养文理兼备型和应用型专门人才的途径和方法，努力做活。民办职业院校可以通过职教集团或者吸引工厂企业投资，在特色专业后面建起相应的车间、工厂、甚至公司，鼓励学生在"做中学、学中做，工学交替、产学融合"。鼓励民办职业院校创办自己的企业，不仅是创新创业教育的改革需要，企业还可以作为学生的专业实习基地，解决实习岗位不足的难题，以就业带动创业和学校发展。适时依据产业结构和产品结构的调整，调整专业设置，不断补充、更新教学内容，坚持产、学、研结合，培养高技能技术人才。

四、打造结构合理的"双师型"教师梯队

民办职业院校的内涵建设需要一支优良的教师队伍，打造"老、中、青"结合合理的"双师型"教学梯队及专业化学科教学群体。

一是引进并整合高校离退休的有余热余力、敬业乐教的老教授、老专家、知名教师、知名学者、社会各界学术研究团体与优秀的企业单位里高端技术人才、能工巧匠等，特聘为学校的学科及专业带头人、院系级领导（主任），充分发挥"专家治校""教授治学"的优势，发挥好优质教学资源和高层人才团队的作用。特别是在做好教学科研管理工作的同时，积极组织编写当前民办职业院校最紧缺、最适用学科和专业建设的实践课程教材，逐步突破和实现省级和国家级精品课程。同时，要做好对青年教师的"传、帮、带"，帮助年轻教师尽快成长。

二是构建"老、中、青"结构合理的教师队伍和专业化学科教学群体。突出"优势互补、扬长避短、百舸争流、百花齐发"的教学科研氛围。实现"多层次互补"，即：弥补部分老教师在计算机办公自动化的应用、多媒体课件设计、现代化教学技术上的技能型应用不足；弥补中青年教师课堂教学经验不足、知识储量不足、科研成果不足、实践技能不足、"双师型"素质不足、教书育人、爱岗敬业的奉献精神不足；弥补大学生学习能力、实践能力、交流能力、社会实践能力的素质教育不足，使受教育者真正成为德、智、体、美、劳全面发展的社会主义建设者和接班人，成为"靠得住、用得上、下得去、留得成"的应用型、实用性、效用型的高级专业人才。

三是重点培养35岁以下中青年"双师型"教师教学团队。要求中青年教师除了掌握好本专业的基本理论知识，能够胜任教学与科研的能力外，还要能够掌握1门以上的实践应用技能，从事应用型人才培养与教学的能力。结合本专业特点，激励中青年教师通过各种培训学习取得国家认可的各种相关资质证和专业证书，使一大批中青年教师成为既能掌握和讲授专业课程的理论知识，又能够熟练讲授和应用实践技能知识的两用人才。此外，能够结合本地区、本部门、本专业

的各种职业技能都应鼓励和培养中青年教师掌握与应用，这样的"文武双全""双师""双能"型教师所培养出来的学生具备适应经济社会发展与市场需求的能力，就能够逐步解决经济社会发展和市场需求与"所学非用"，供需矛盾的结构性失调的就业困境。与此同时，关键还在于解决实践教学的师资力量不足，"校企结合""工学结合"的深度不够的难题。由此可见，人才培养的创新思维与改革模式是"双师型"师资队伍培养的前提条件。

第四节　民办职业院校的转型升级

一、民办高职升本成突围方向

民办学校与公办学校一样，都承担着培养各类人才的使命。不久前新版《民办教育促进法》正式施行，我国国民办教育产业站上了新风口。在政策利好的带动下，我国民办教育已经成为不可忽视的力量。不过，与同类公办院校相比，不升本的民办高职院校生源和师资力量都处于不利地位。由于受到学历层级以及招生录取制度的限制，民办高职的招生次序排在普通高等学校与公办高职之后，生源的数量与质量都难以保证。民办高职专科升格为本科后，能帮助民办高职提高社会声誉以及生源质量。因此，升本也成为民办高职提升发展空间、增强办学实力的一条捷径。

2017年11月，广东、上海、江苏等13个省市陆续公布38所高校"升格""改名"讯息。其中，20所民办高职成功去"职"成"本"升格为本科院校，包含山东3所、重庆2所。一时间，高职升本升格成为高职教育领域热门话题。根据教育部官网，截至2017年6月，我国共有普通高校2631所，其中专科高校1388所，专科高校中共有民办专科院校318所，占全国专科高校的比例为22.91%。

随着我国民办教育的快速发展，各类民办学校数量不断增长。据前瞻产业研究院《中国民办教育行业市场前瞻与投资战略规划分析报告》数据显示，截至2016年底，我国共有各级各类民办学校（教育机构）17.1万所，其中民办幼儿园15.4万所，民办普通小学6046所，民办普通初中5014所、民办普通高中2655所、民办中等职业学校2247所、民办高校742所。即便如此，我国民办高等院校在与公办高职院校的竞争中依然处于劣势。主要是源于公办与民办高职院校间悬殊的能力与地位差距。实际上，不论在基础设施、办学能力、社会声誉，还是队伍建设、就业情况、办学质量上，除了一些特色明显、定位明晰、具有区位优势的民办学校外，大部分民办高职院校都远落后于公办高职院校。

与公办高职院校相比，民办高职院校总体上办学基础薄弱、发展滞后，公办高职院校始终占据着高等职业教育市场的有利地位。同样，面临生源减少的困境，民办高职受到的冲击远大于公办高职，甚至走向了生死的边界。

　　未来，我国民办高职将面临重新洗牌。一些民办高职可能会被兼并重组，或是彻底告别学历教育。为了能在激烈的市场竞争中，不被扫地出局，提高社会声誉以及生源质量成为一条捷径，这也是民办高职蜂拥升本的主要原因。

二、民办高职转型升格的层次愿景

　　根据教育市场化理论和可持续发展理论，民办高职经过7-8年内涵建设，并有一定数量的探索和尝试后，以层次提升推动现代职业教育体系构建成为必然。民办高职向应用型本科转型是其实现新发展的路径选择之一。当前和今后一段时期，加大建设力度，支持和扶助一部分民办高校升格，适度发展民办本科院校，具有十分重要的意义。

　　一是外部条件给民办高职向应用型本科转型提供了发展空间。建设现代职业教育体系，是未来十年我国职业技术教育改革发展的重要战略。为了更好地培养本科及以上层次技术应用型人才，自2013年1月底教育部启动"应用科技大学改革试点战略研究"项目以来，国家密集出台了一系列重要文件，召开了一系列重要会议，专题研究和部署向应用技术类本科高校转型的发展战略问题。从2013年7月应用技术大学联盟的成立到2014年4月驻马店会议的召开，如何建设中国特色的应用技术大学成为当下中国的一个重要命题。从2014年2月26国务院常务会议到6月23~24日的全国职教工作会议，引导普通本科向应用技术类型高校转型，打通中职、专科、本科到研究生的上升通道，大力发展应用技术型大学成为共识。"讨论的关键不应该聚焦在民办高职能不能升本科上，而是要看这批学校够不够格办本科。""民办高职可以升格，变成应用型大学，但关键是如何评定。"民办高职转型升格迎来发展的春天。

　　二是民办高职升格为应用技术型本科的愿望相当强烈。民办高职院校获准升格应用型本科后，不仅能在招生链上前进一个序列，招生与生源较之以前能有较大的改观，而且本科专业收费的提高能进一步增加其资金收入，这都能为学校的发展带来机遇。虽然国家现在进一步提高了本科设置的标准，但即便如此，民办高职院校纷纷制定了升格的愿景规划，积极创造条件升格的热情不减，动力十足。

　　三是民办高职升格后可实现多层次办学，紧密与高职专科衔接，进而探索研究生层次高职教育，以形成较为完整的高职教育体系。"高等职业教育体系是指高职教育专科、本科、研究生层次完备贯通，形成一个完整的层次结构，提供不同层次的高职教育。"民办职业教育应该有自己的体系，从专科到本科，时机成熟后探索到硕士阶段，形成完善的职业人才培养格局。从世界范围来看，经济科技发达的国家和地区都拥有发达的高职教育体系。由此看来，在我国构建独立的高职教育体系显得尤为必要，这对促进社会经济发展有着不可替代的作用，民办高职转型升格后，按照应用型本科的方向发展，除了可以承担高一层次的职业教育外，还应该积极与高职专科紧密衔接，为构建建立高职教育体系发挥积极的作用。

三、民办高职转型升格的制度愿景

民办高职院校要适应转型升格的发展需要，就应以改革内部管理体制为突破口，完善法人治理结构，建立公开透明、规范运营的现代民办大学制度。

一是完善内部治理结构。优化董事会成员结构，让董事会组成更加多元化。制定和完善学院章程，进一步明确董事会领导下的校长负责制。完善专家治校、教授治学体制，提升教职工的学术话语权。成立政行校企合理事会，推进多元化合作办学。要充分发挥学校理事会在教学、社会服务和产教融合方面的作用，提供更多的政策、技术咨询。聘请资深教授来担任学术委员会的主任，切实发挥教授治学的作用。同时，在学校和二级学院两级设立首席教师制度，来共同发挥他们在学术领域的引领作用。

二是让二级学院充分享有办学自主权。为了进一步激发办学活力，学校应下放权力给二级学院，让二级学院获得更多的办学自主权。一是合作办学权，学校给予他们项目合作分成等多种互利机制，二级学院与行业企业共建专业，共建订单班，共建机制。二是拥有教学定型的主导权，有权根据专业特点和企业生产周期自行调整不同时段的教学计划以及项目化的教学安排。三是人事管理权，二级学院可以有自行聘任专业主任、专职教师，确定专任教师及一般员工的考核核定，参与二级学院中层布置的考核，推荐评优等十项的人事权力。四是教学经费使用的支配权，在遵循学校财务制度前提下，具有合同类包干经费使用的支配权。这样一来，可以激励二级学院校企合作的积极性、教学改革的积极性和创新驱动的积极性。

三是实行精简高效的大部制。大部制改革即"横向六模块，纵向三层次"。在横向上，根据人才培养、科学研究、学科建设、校务管理、财务管理、后勤保障六个模块；在纵向上，按照"决策科学、综合协调、执行有力、运行高效"的要求构建决策层、运行层和执行层三层次管理模式。这样一来，学院行政部门更加典型化，人员也精简，改革力度非常大，做到"能者上，平者让，庸者下"，真正促进学院的快速健康发展。

四是具有民办院校特色的师资队伍稳定、发展机制。一是加强"教师发展中心"建设。学校为每位教师投入一定的经费作为教师发展中心的活动经费，通过对内举办学术沙龙、对外定期派员培训等方式对教师进行培养。二是实行名师带动工程。实施多级首席教师制度，有校级首席教师，也有二级学院的院级首席教师，共同带动青年教师的成长。首席教师按照级别给予相应的待遇和津贴。三是实行教师队伍激励工程。发放骨干教师津贴，按专业分类审定教师绩效工资，实施骨干教师住房基金，给予一定比例的购房基金，从根本上稳定师资队伍。

四、民办高职转型升格的环境愿景

一是政府的积极引导。民办高职转型升格，政府的作用非常重要。政府部门要制订发展规划，根据地区经济和社会发展需要以及高等教育发展的规划，合力布局本地区民办本科院校的发展，避免重复建设造成投资浪费。政府的指导和规划对民办高职转型升格具有重大意义。通过积极引导，适当的时候把一些办学条件好、特色鲜明、管理规范、主动要求提升层次的民办高职院校推出去，以便鼓励和保护这些学校举办应用本科的热情，指导他们制定好学院发展规划，明确发展目标和步骤，夯实办学基础，加强内涵建设和提升质量，帮助他们积极创造条件。同时，政府部门还要对已升格的民办高职院校加强管理，巩固已有的办学成果，获得新的发展。

二是配套的指导性政策。"目前的评定标准的确存在对教学质量、毕业生质量、产教结合程度等应用型大学的关键指标体现不足的问题。"民办高职升格后发展应用型本科的方向是明确的，但政府必须建立一整套完善的制度体系对应用型技术大学建设予以支持和保障，既体现政府引导作用，又能保证民办高校规范发展。如实行民办高校分类管理，调整完善应用型高校设置标准，建立符合应用技术大学特点的本科人才培养评估指标体系等。

三是赢得良好的舆论环境。一直以来，我国民众对高职教育不太认同，且高职教育当前只有专科层次，使民众对高职，尤其是民办高职心存偏见。加上民众历来有"喜公恶私"的偏好，导致民办高职地位较低。随着社会不断进步，企业对人才的需求也越来越务实，因而，近几年民办高职院校招生就业形势有所缓和。但是从总体上讲，民办高职院校地位还不高，民办高职学生在上学、就业等方面还明显受到歧视。专家分析，随着中职、专科、本科到研究生的上升通道逐步打通，职业教育"低人一等"的偏见将会被扭转过来。地位提高是一个系统工程，民办高职院校首先要强身健骨，提高办学层次，增强办学综合实力；全社会都要大力支持民办高职教育的发展，创设良好的舆论环境，让全社会都认可信任民办高职，愿意求学民办高职。

由此可见，民办高职要实现转型升格，需要描绘远大的愿景作为有力机制来激励其进步。远大的愿景可以促使民办高职院校全校师生员工团结一致，集中于这种远大的目标，激发所有人的力量，获得更大的发展，为社会培养更多的应用型技术人才，更好地为经济社会发展服务。

　　综上所述，民办高职转型升格具有充分的可行性，而且其发展空间还是非常大的，前景广阔。2014 年，国家要求 600 多所地方本科院校向应用型本科转型。到 2020 年我国高等教育毛入学率将增长到 40%，"高等教育还要适度发展高等教育的增量靠谁完成？公办高校应以提高质量为重点已不可能再扩容，因此我们应继续鼓励民间资本投向教育，继续鼓励发展民办高等教育，把现有的民办高校（包括独立学院）办大办强办好。"从这个角度来讲，民办高职转型升格后的发展形势比较乐观。

第三章　民办职业院校的相对优势

民办职业院校相对于公办院校而言，最大优势在于其民办机制，民办机制是民办院校兴办的原始动力所在，民办职业院校的内部办学体系都是根据民办机制建立起来的，而且不断得以优化。在民办机制的作用下，民办职业院校的内部机构设置简单，人员配置精干，工作流程比较清晰，职责分工比较明确，办学的目标性比较强，办学的效率比较高。

第一节　机制灵活，运转顺畅

民办职业院校灵活的办学机制是促进其内部办学体系得以顺利运转的根本保障，主要表现在：高度的办学自主权有利于管理者进行开创性工作，灵活宽泛的用人机制有利于教师队伍的优化，合理的收入分配制度有利于激发教师们的工作热情，激烈的竞争环境有利于学校自我突破与超越。可以说是灵活的办学机制成就了民办职业院校，也让民办职业院校在高等教育环境之中站稳脚跟，从而走上教育发展的快车道。

一、高度的办学自主权

（一）民办教育制度环境得以改善

近年来，关于民办教育一系列政策及规划相继出台，民办高教制度环境正在逐步改善。2007 年，教育部发布并实施了《民办高等学校办学管理若干规定》，将民办高等教育纳入教育事业发展规划，就民办高校招生、管理、教学等方面做了明确规定，为民办高教的健康发展创造了有利的制度环境。

2010 年 5 月 7 日，国务院发布的《关于鼓励和引导民间投资健康发展的若干意见》中指出"落实对民办学校的人才鼓励政策和公共财政资助政策，加快制定和完善促进民办教育发展的金融、产权和社保等政策"。2010 年 5 月 14 日，教育部发布《深化教育体制改革工作重点》提到"改善民办教育发展环境，清理并纠正歧视民办教育的政策和做法"。

2016 年，国务院印发《国务院关于鼓励社会力量兴办教育促进民办教育健康发展的若干意见》（国发〔2016〕81 号），对民办教育改革发展从加强党对民办学校的领导、创新体制机制、完善扶持制度、加快现代学校制度建设、提高教育教学质量、提高管理服务水平等方面作出全面部署。为保障《意见》的顺利实施，推动相关部门形成工作合力，2017 年 7 月，教育部等十四部门关于印发《中央有关部门贯彻实施〈国务院关于鼓励社会力量兴办教育促进民办教育健康发展的若干意见〉任务分工方案》的通知，根据有关部门职责，制定了具体分工方案。

2016 年 11 月 7 日，新修订的《中华人民共和国民办教育促进法》审议通过，并于 2017 年 9 月 1 日起开始实施，教育部制定的《民办学校分类登记实施细则》（教发〔2016〕19 号）、《营利性民办学校监督管理实施细则》（教发〔2016〕20 号）等相继出台，除义务教育阶段的民办教育可以自主选择营利性还是非营利性，营利性民办高校被赋予合法地位，非营利性和营利性两种类型的民办高校将共同存在于民办高等教育体系中。

地方政府与教育主管部门，也积极响应，因地制宜制定和颁布扶持民办教育的政策文件。例如，浙江省政府印发《关于鼓励社会力量兴办教育 促进民办教育健康发展的实施意见》（浙政发〔2017〕48 号），2018 年浙江省教育厅印发《关于落实民办学校办学自主权实施办法》，着力通过落实办学自主权，引导民办学校合理定位，促进特色发展，提高办学水平和竞争力，以满足广大人民群众对教育的多样化需求。

（二）办学自主权进一步扩大

随着新修订的《中华人民共和国民办促进法》的顺利实施，民办教育迎来了新的发展契机，政策扶持力度不断加大，其办学自主权也在进一步扩大，主要表现在以下几方面。

第一，扩大招生自主权。一方面，改进民办学校招生管理方式，民办学校在核定的办学规模内，自主提出年度招生计划和招生范围方案并报教育主管部门备案。另一方面，支持民办学校参与招生制度改革，有意愿的民办高校（含独立学院）可纳入"三位一体"综合评价招生改革范围。当前，浙江省鼓励民办高等职业院校试行"校考单录""三位一体"等自主招生改革试点。同时，规范民办院校招生，创造公平、合理、健康的招生环境，民办学校的招生办法、招生广告及招生简章须报教育行政主管部门备案，且发布的招生简章和广告内容必须与备案的内容一致。

第二，实行更加开放的分类定价机制。浙江省实行非营利性民办高等学校学费和住宿费实行市场调节价，并规定民办学校收取的费用应当主要用于教育教学活动、改善办学条件和保障教职工待遇。2017 年，安徽省省物价局、省教育厅联合发布《关于开展放开民办教育收费试点工作有关事项的通知》，放开营利性民办学校收费和非营利性民办学校非学历教育收费，由学校自主定价，从 2017 年秋季开始安徽外国语学院、安徽涉外经济职业学院、合肥科技职业学院、合肥财经职业学院、合肥信息技术职业学院等 6 所民办高校的学费、住宿费"自己说了算"。

第三，专业设置与学科建设自主权增大。一方面支持民办学自主开展教学活动、科学研究、技术开发和社会服务，自主制定学校规划并组织实施，自主设置教学、科研、行政管理机构。另一方面，支持民办学校改进专业设置，鼓励民办高等学校根据国家战略需求和区域产业发展需要，依法依规设置和调整学科专业。此外，积极鼓励民办高校提高学科建设水平，支持有条件的民办高校开展研究生教育和基础研究。

第四，进一步落实校长治校。建立完善的法人治理结构，依学校章程办学和管理，督促学校决策机构和校长依法治教，规范管理。实行理事会（董事会）领导下的校长负责制，依法保障校长独立行使教育教学管理和行政管理的职权。

公办学校直接受制于教育主管部门的管理，从人事的任命，到业务的指导，再到内部的管理，很大程度上都要听命于上级。学校出台的改革政策也要征询主管领导的同意，学校办学自主权受到了极大的限制。此外，一系列的行政会议、各类检查常常令学校管理者疲于应对，无法全身心思考学校发展，狠抓教育质量。相较于公办学校而言，民办学校具有高度的办学自主权，高度的办学自主权有利于学校全身心投入教育。学校管理者对于学校的管理完全可以按照自己的思路，按照科学的教育规律，不受任何的干扰。这为学校发展创造了宽松的环境，为教师"潜下心来教书、沉下心来育人"创造了良好的外部条件。

二、灵活宽泛的用人机制

民办职业院校倡导"不拘一格用人才"，其灵活宽泛的用人机制有利于保障教师队伍的相对稳定，进而促进教师队伍的优化。民办职业院校教师流动性较大、师资力量较为薄弱，其"引不进""留不住"人才是师资队伍建设的最大痛处。为保障教学及各项工作的顺利进行，民办职业院校逐步探索出了适合自身发展的独特用人机制。

（一）评估用人数量

公办院校由于师资相对稳定，学生生源与报到率也都有一定保障，使得师资的需求较为明显，易于统计。然而，民办职业院校的师资需求却存在着极大的不确定性，最主要的影响因素是离职教师人数与各专业新生人数。民办职业院校每学年都有教师离职，究竟有多少离职人员的岗位需要填充，往往到学期期末结束才能最后知晓，甚至还会有教师暑假期间因各种原因离职；各专业新生究竟会有多少人，是否能正常开班，首先是要看招生录取情况，最关键的还要看实际报到人数。

　　为此，民办职业学院为保障招聘师资数量的精确，就要对用人数量进行科学评估。一方面，通过给各部门教职工发放《续聘意向表》，将想要了解的问题设计到调查表之中，通过问卷形式主动了解教职工思想动态，提早掌握教职工去留意向，就可早做准备；另一方面，尽量实行精准招生，民办职业院校统招计划内招生往往需要通过补录才能完成计划指标，除了大力宣传外，对于补录学生最好要电话联系，确认会来校报到后予以正式录取，以提高报到率，对于民办职业院校的计划外的成教、自考类招生，通过相关招生老师及时了解所负责区域学生的最新动态，将招生人数尽量精准化，为教学部门与人事部门提供有效参考。

　　（二）拓宽师资来源

　　民办职业院校的师资力量以往主要是从新毕业优秀大学生、公办院校退休不久的具有高级职称教师中招聘，师资来源过于单一，不利于教师队伍构建与优化。根据实际岗位能力需要拓宽师资来源是必然之举，主要应从以下几方面入手：一是从本校优秀的学生干部中选取留校人员，尽管"学历文凭"不占优势，但是他们熟悉学校情况，也特别珍惜留校工作机会，愿意为学校工作尽心尽力、踏实肯干，稳定性也较好，他们可以充实到学校的招生、教辅、学工等部门发挥重要作用；二是吸引有企业工作经历、具备"双师"素质的人才到师资队伍中来，有利于将实践经验融入理论课教学之中，提升专业教学实效；三是吸引具有一定工作经验和职称的中青年教师的加入，他们年富力强且最具有创造力，只要学校搭建好平台，他们就可为学校发展贡献力量，民办职业院校也正急缺一批具有"中流砥柱"作用的优秀骨干教师。

　　（三）简化招聘程序

　　民办职业院校的师资招聘具有完全的自主权，空缺什么样的岗位，需要什么样的人才，采用什么样的标准去考察，学校可以自己说了算，招聘程序相对简单实用。以作者曾工作过的浙江宇翔外国语专修学院（湖州职业技术学院安吉分院）招聘教学岗师资为例，应聘人员在简历筛选通过后即通知到校参加面试，应聘人员无须参加卷面考试，首先根据临时指定教材内容备课（1 小时内），然后进行上台试讲（15 分钟）。如果应聘者试讲效果较差，即使来自名校、简历很突出，也会直接被淘汰，并非淘汰者不够优秀，只是不适用于该校的教学岗位，"会上课，上好课"是该校根据学生学情制定的考核任课教师首要标准，也是该校对教学人员的核心要求；如果试讲效果较好，则进入面谈环节，通过谈话对应聘人员进行更深入了解，也从侧面考察其是否具备"带班能力""管理能力"的潜能，便于应聘者入职后的全方位发展，也有利于学校储备"复合型"人才，在学校工作量统筹安排上也有着足够的机动空间；通过面谈的考察后，就可进一步明确入职事宜，包括：工作任务、薪资标准及构成、入职时间、合同年限、试用期限等。

（四）灵活开展招聘。

民办职业院校的教师招聘一般不涉及到"编制"问题，就无须经当地人力资源与社会保障部门备案、审批，不仅招聘程序可以自主安排，招聘时间也可灵活掌握。民办职业院校的招聘工作何时展开、招聘期限多长、招聘持续多久，这完全取决于学校的岗位需求迫切程度以及招聘效果。民办职业院校的岗位空缺常规的时间节点有：部分人员学年第一学期末提出离职，第二学期开学初出现岗位空缺；每年4月初民办职业院校为争夺生源，"招生季"提早开始，为加大招生宣传力度，需要抽调相关人员外出从事招生工作，出现岗位空缺；学年末（6月底七月初）人员流动相对较大，如新生招生规模、人数超过毕业班级，9月份新学期开学的岗位空缺就比较大。为此，招聘工作相应提早开展，做到"未雨绸缪，有备无患"，根据面试情况，将意向录用人员又分为直接录用和备用两个类别，"备用人员"为招聘工作留下机动空间，以保障各岗位人员充足而不富裕。

（五）人尽其才原则

民办职业院校可谓"不拘一格用人才"，部分特殊上岗位上打破学历、职称的束缚，选择适用、实用的人才。例如，招生宣传、勤工俭学、学工管理、教辅等岗位，只要有很强的工作能力、突出的工作成效和良好的工作表现，可以适当放宽对学历、职称的要求。有不少岗位本身就由在校优秀学生承担辅助性工作，通过实际的锻炼与检验，也有不少学生能脱颖而出，成效显著。尽管他们毕业后自身条件与对外招聘的要求有一定差距，但最后也会择优录用部分人员充实到学校相应岗位，而且到岗即可开展工作，迅速进入工作状态。对于部分行政管理岗位，也会"破格"从优秀的年轻教师中进行选拔，他们缺少高学历、高级职称，也缺少其他院校的管理工作经验，但对于年轻教师居多的民办职业院校而言，"破格"选拔"能干事、想干事、会干事"的年轻教师进入管理层也是激发工作积极性的有效方式之一，管理岗位的职责与使命也会助推他们进步成长。

三、相对合理的分配制度

福利待遇是重要的杠杆，合理的分配制度有利于激发员工的工作热情，对于教师的工作具有重要的导向作用。当前，公办职业院校的教师工资待遇虽然稳定，却缺乏这种有效的激励性。近年来，虽然实施了绩效工资，但是也没有从根本上打破原有的教师收入分配制度，"资历""职务"依然是决定收入多少的关键因素，而忽略了"贡献量"的价值与作用。教师的投入付出与回报不成正比，势必会很大程度上影响其工作的热情，从而造成了教师工作的懈怠。民办职业院校教师的工资直接与工作量、教学能力、教学成绩等实质性的内容相挂钩，从根本上保证了"公平公正"，教师可以感觉到自己的付出与经济收入成正相关，多劳多得，优劳优得，不劳不得。

（一）相对合理的校内分配激励机制

对物质利益的追求，是人类进行一切社会生产活动的动力所在。作为有着高度办学自主权的民办职业院校，通过提高待遇，鼓励和支持教职工立足本职工作多作贡献，已经成为广泛的共识。民办职业院校在不断健全考核机制、认真考核的基础上，根据教学科研人员和其他人员实际完成工作任务的数量和质量，建立科学合理的校内津贴分配机制，合理拉开分配档次，真正体现多劳多得，优劳优酬，使拿到高薪的教职工"心安理得"，拿不到的教职工也能"心平气和"。民办职业院校收入分配制度以能够吸引和留住优秀人才、留住核心教职工为目标，以激励教职工努力工作、不断提高工作绩效、提高知识和技能、挖掘自身潜力为导向，以岗位工资为主体，充分结合学校的岗位聘任制，将教职工的工资收入与岗位职责、工作业绩、实际贡献直接挂钩，向优秀人才和关键岗位倾斜，充分发挥工资的激励功能，充分调动教职工的积极性。

（二）相对合理的津贴设计方案

民办职业院校根据自己的财力状况和实际情况，按照学校可持续发展的要求，在教职工收入总体受益的基础上，合理设计岗位津贴的档级及每类津贴的增幅。坚持"优才优遇、多劳多酬"的原则，将"大锅饭"成分高的各种津贴取消。民办职业院校的工资分配主要由基本工资、岗位津贴、浮动津贴组成。例如，在岗位津贴中分教学科研岗位、教辅岗位、行政岗位、学工岗位等系列；在竞聘上岗人员中，按所在岗位承担的职务、责任的大小，按相应标准，由学校给予补贴。同时，校内津贴的发放合理拉开差距，实行浮动津贴，使教师的薪酬分配与岗位业绩直接挂钩。建立以岗定薪、岗变薪变的激励机制。每年年终和聘任期满时，学校要对应聘者的绩效进行严格考核，考核优秀者，奖励相应增加，不合格者取消相应奖励性的待遇。民办职业院校在进行分配体制改革中实行重点倾斜，向有工作业绩突出的优秀教师及关键岗位管理人员倾斜，向高层次人才倾斜，向教学、学工管理第一线的教师倾斜，实行分类管理、分类分配。对于不同岗位，津贴不同。对于相同或者类似岗位，根据绩效差异的不同，津贴也保持一定差距。充分发挥分配制度的导向作用和激励功能，从而激活人才的竞争意识。

（三）良性的分配机制和政策环境

要想激发民办职业院校教职员工的积极性、主动性、创造性，增强民办职业院校工作对广大教职员工的幸福感，很大程度上取决于教职工待遇。在市场经济条件下，没有一定的物质基础，教职工的基本生活得不到保障，教育教学及其他一切工作都会显得苍白无力。民办职业院校的管理者们也清醒地认识到收入分配制度要从学校实际出发，改革要符合广大教职工的切身利益和长远利益，在分配改革过程中坚持效率优先兼顾公平的原则。

民办职业院校所建立良性的分配机制与政策环境的首要标准就是让广大教职工满意，尤其让优秀拔尖人才、教学科研和管理骨干认为满意或基本满意，有"以校为家"的归属感与幸福感，以此调动广大教职工的积极性和主动性，促进工作效率的提高。

此外，民办职业院校的管理者也认识到民办机制的局限性，待遇并不能解决所有的问题，物质利益也不是唯一能稳定教职工队伍、留住优秀人才的有效方式。物质激励应该与精神激励、道德感召紧密结合起来。特别是在当今民办职业院校教职工待遇了一定程度提高之后，大家更为注重精神方面的需求。因此，在民办职业院校在分配制度改革过程中同时把事业留人、环境留人、感情留人、待遇留人等几个方面有机结合起来。

综上所述，民办职业院校有着相对合理的分配机制，但分配制度本身是一项复杂的系统工程，既有横向的构成因素之间的关系，又有纵向的等级关系，还有斜向的相关影响因素之间的关系，这些关系相互影响、相互制约，形成了一张错综复杂的薪酬网络。作者认为并没有适合所有民办院校标准的"分配制度与模式"，各民办职业院校只有认真分析自身特点和所处内外环境，设计合理的分配结构，公平合理地进行分配，充分发挥非经济性薪酬补充作用，才能制定出符合自身发展需要的分配制度。

四、自我突破的精神

（一）强烈的危机意识

与公办高职院校相比，民办职业院校众多方面"先天不足"：其经费来源缺少财政支持，"没钱难办事"；民办职业院校的生源充满不确定性，生源危机关乎学校的生存与发展；民办职业院校的师资待遇相对较低，师资力量相对薄弱，师资队伍的流动性较大。正因为一系列的"不稳定"因素，才激发了民办职业院校举办者、管理者及教职员工的危机意识。

有危机，有压力，才会有努力奋斗的动力，这也深深影响到民办职业院校的工作氛围之中。相比公办院校而言，民办职业院校从管理者到普通教职工其工作态度、工作效率明显提升，工作责任心、敬业心明显增强。大家深知，这里没有所谓的"安逸享受"，只有认真工作才会有工作机会，有作为才有地位。

（二）敏锐的质量意识

强烈的危机感激发了民办职业院校的教育工作者敏锐的质量意识。他们深知质量是民办职业院校的生存之基、发展之本，没有优质的教育作后盾，民办职业院校就失去了生存的空间，就会在激烈的教育竞争中失去优势，退出职业教育的大舞台。因此，民办职业院校紧紧围绕教学为核心，抓教师队伍建设促进教学，抓学生管理服务于教学，抓育人工作辅助教学，对民办职业院校学生而言，教学质量部仅仅是靠"教"出来的，从某种程度上而言也是"管"出来的。努力形成"教学线"与"学工线"的合力，打造教学质量品牌，最终提升民办职业院校的社会认可度和社会影响力。

（三）自我突破与超越

激烈的竞争环境有利于民办职业院校的自我突破与超越。按理说，公办职业院校办学历史悠久，学生来源相对固定，教师待遇较为稳定，管理体制更为完善，在与民办职业院校的竞争中应当具有绝对优势才对。然而，"稳定"一方面为教育的发展提供了保障，但是另一方面也促成了教育者的懈怠。而民办职业院校却恰恰相反，正是因为一系列的"不稳定"因素，却激发了民办教育工作者强烈的危机意识与质量意识。

民办职业院校不仅要与公办学校竞争，还要与其他同类民办学校竞争，生存的艰难促使民办职业院校管理者时刻保持清醒的大脑，让他们深刻明白，要保持在激烈的教育竞争中占据优势就必须不断突破与超越，不断在教育管理上下功夫，在教学改革上求突破，在教育质量上求生存。正是因为这种危机意识、责任意识、质量意识，让民办职业院校保持强劲的发展劲头，保持旺盛的生命力，最终实现自我突破与超越发展。

第二节　机构精简，管理科学

民办职业院校的机构设置较为精简，管理制度符合校情实际，正所谓"船小好调头"，运转顺畅。

一、部门机构设置精简

民办职业院校出于办学成本的考虑，机构设置务实，人员精干，不养闲人，专职的行政人员及教辅人员占比较低，从事一线教学及学生管理的教职工占比较大，而且一人身兼多职的现象较为普遍。

（一）机构设置"务实"

民办职业院校受办学经费的限制，势必会在办学成本上压缩，使得机构设置以"实用"为原则，除常规的校办（党办）、学生处、教务处、团委、宣传部、人事处、计财处、后勤处等部门，部分院校甚至还未建立独立的科研处、统战部等，有部分民办职业院校将科研处的职责纳入教务处的职责范畴，将基建处的职责纳入后勤处的职责范畴，将团委与学生处纳入统一管理范畴，也有部分民办职业院校将未独立建立的组织部、统战部、纪检监察室、工会等部门职责统归到校办（党办）的职责范畴，甚至所有机构设置空缺或不够完善的部门职责需要落实工作时，均由校办（党办）来承担。

（二）人员精干，不养闲人

民办职业院校机构设置精简，且现有的机构人员配比较少，为保障学校的正常运转，相应地对人员要求务实精干。

民办职业院校所遭遇的现实困境是"人少但活儿不少"，这就要求教职员工充分发挥工作的主动性与创造性，高效地完成学校所安排的各项工作任务。尽管各教职工的工作量较为饱和，但是大家按劳取酬，多劳多得，都能认同这种快节奏的工作方式，也进一步激发大家的工作积极性。

各位教职工的工作绩效即对学校的贡献值决定了工资收入的高低，而学历、职称、资历等只是工资收入的影响因素并非决定因素。仅仅依靠高学历或高职称，而只是从事简单工作量就想获取高收入的情况，在民办职业院校不允许存在；不履行领导岗位职责，却"保留领导岗位待遇"这种在公办体制中可能存在的现象在民办职业院校绝不会出现。简而言之，不干或少干活，却要正常拿钱甚至还多拿钱的现象在民办职业院校没有存在空间。

民办职业院校"不养闲人"的原则非常明确。例如：一个岗位设置有和没有区别不大，那么这个岗位就没有存在的必要；一个教职工所承担的工作量大家可以轻而易举的分担掉，那么这位教职工所产生的贡献值也就极为有限；一位教职工请假若干天，对工作却没有多大影响，那么这个教职工的岗位设置的必要性可能要重新审视。可能社会上对此有不同的声音，认为此举过于苛刻，缺少"人情味"。然而，站在民办职业院校举办者的角度上去考虑，也许就不难理解，教育的投入也需要产出，在办学经费本身紧张的情况下，自然希望投入在教职工身上的人力成本能产生最大效益。

（三）行政人员占比较低

在民办职业院校，占比较大的是从事一线教学与学生管理的教职工，而非行政人员。究其原因，主要是体制的差异造成的。

在公办院校，行政管理人员在某种程度上意味着"职权""荣誉""地位"，甚至还成为众多教职工晋升的方向，由于领导管理岗位的"退出机制"还不完善，"退而不休"的现象也依然存在，使得行政管理人员逐步增加，造成行政人员占比较高。

民办职业院校由于其"民办"性质，其管理人员的社会保障、社会地位、隐形福利等远不如公办院校。然而，对于其管理岗位的要求却较为严格，其管理岗位的业绩是靠踏实肯干的精神奋斗而来，其管理岗位的待遇是靠突出的工作成效来获取的，其管理岗位在校内的地位是要靠"以德服人"与"能力服人"来获得，有作为才有地位，在这种高压之下，使得其行政管理岗位的吸引力远不如公办院校。

此外，根据民办职业院校的现实情况，也不需要大量的行政人员。对于民办职业院校而言，首先需要的是生源保障，其招生人员有着"独特价值"；其次，教学质量是根本，需要大量一线的优秀教师潜心教学；再次，学生管理是保障，需要众多有责任心的班主任精心育人。这些一线人员才是民办职业院校生存与发展的价值之本、力量之源，当生源保障、教学质量、学生管理的根基牢固了，上层行政管理的实效性才能真正得以发挥。否则，行政管理人员众多，但一线的根基不稳，学校的发展将会举步维艰、寸步难行、危机重重。

二、部门之间团结协作

（一）管理人员团结是基础

民办职业院校的管理人员更多的是寓管理于服务之中，注重强调其服务性，少了本就不该有的"官僚气息"，大家各司其责，又相互协作，管理人员团结和谐的工作氛围是部门之间沟通顺畅的基础。

民办职业院校管理人员的产生主要通过人才引进与内部培养相结合的方式。通过人才引进的管理人员一般有在其他院校从事管理工作的经历，他们的学历、职称、阅历等都符合管理人员的基本要求，但能否胜任民办职业院校管理岗位工作，关键还要看自身是否认同民办职业院校的校园文化、工作方式，并主动融入其中，发挥出预期的成效。否则，过于自我，不懂团结与协作的管理人员"工作不会太长久"。

通过内部培养方式选拔的管理人员，其学历、职称、阅历等方面与引进的高层次管理人才尽管有一定差距，但却对民办职业院校的文化氛围、工作方式、办事效率等有着强烈的认同感，对学校的各项制度、决策、举措有着很强的执行力，在"人少也要办事"的校情下，深知"团结力量大"的道理，善于向同事"借力"，团结协作，发挥团队的力量。

民办职业院校的发展过程也是对其管理人员"大浪淘沙"式的历练，尽管流动性较大，但能被学校认可并留下来继续踏实苦干的管理人员正是民办职业院校的骨干力量，他们的工作态度、工作方式、工作效率成为各部门之间有效协作运转提供了根本性保障。

（二）"校办"协调是纽带

"校办"是承上启下、联系左右、沟通内外的枢纽部门，工作涉及广，也是一个综合部门，其实质是为领导、为各个部门、为师生服务。工作中积极、主动、耐心地做好服务工作，做到想领导之所想；为各部门排忧解难、上下协调；为师生提供最为快捷和优质的服务。要善于谋事，善于办事，善于补事。民办职业院校办公室人员每天除了本职工作外，经常还有突发事件需要临时处理，且通常比较紧急，应以踏实、积极的工作态度，建立工作笔记，将领导交办的事务逐一罗列出来，冷静思考，理顺工作思路，分清轻重缓急，找准问题的切入点，逐项有效落实。牢固树立服务大局的意识，为领导、校内各部门以及全校师生提供良好周到的服务。

校办公室要与其他部门加强沟通，密切配合，互相支持，要当好"联络员""润滑油"。要通过有效协调沟通，调动一切积极因素，形成心齐、气顺、风正、劲足的良好局面。对于上级部门，应加强与上级部门的联系，多争取支持；对于学院领导，由于民办院校管理体制和运行机制的特殊性，是多方领导，领导之间可能会有不同的观点和处理方法，办公室人员就必须按程序妥善处理，多补台；对于学校各部门之间，在办文、办会、办事的过程中，协调好各方面关系，确保完成任务。

（三）教务、学工相融是成效

在民办职业院校，教学质量是核心，学生管理是保障，学生管理工作服务于教学，在"教学线"与"学工线"相互融合、形成合力中突显育人成效。

民办职业院校的"教学线"，即从"教师—教研室—各系部—教务处"，"教学线"并非只是单纯的教学工作，而是教学管理工作。教师不仅要上好课，而且是教学课堂管理的第一责任人，课堂出现的各类乱象，教师有责任加强管理，如果"视而不见"，那就是教学的失职，绝不是少数不负责任教师所说的"教学是教师的事，管学生是班主任的事"，只要是在教学课堂产生的问题，作为教学组织者、管理者、引导者的任课教师都应承担责任，要"敢管"。各教研室不仅要管好所属教师的教学常规，还应了解教师的课堂管理能力，还应从教研室的层面加强对相关班级学生的教育与引导。各系部不仅准确掌握教师的教学业务水平，也要全面了解教师的实际教学效果，掌握学生的听课情况，以便于进一步做好改进措施。教务处全面掌握学校的教学动态，同时通过教学巡查，及时发现、查处、纠正课堂教学管理中的不良现象。

民办职业院校的"学工线"，即从"班主任—辅导员—学工办—学生处"，"学工线"并非只是单纯的学生管理工作，而是围绕如何更好地服务教学开展工作。班主任要了解所带班级各门课程的课堂情况，及时与任课教师交流，掌握学生的学习动态，以便后续加强管理，绝不是少数不负责任班主任所说的"课堂上学生不听话只是任课教师的事，与班主任无关"，只要是班级的问题，班主任都有责任。辅导员不仅要抓好所负责学生的日常行为规范，而且也要主动了解、关注学生们的课堂表现及学习情况，与班主任一道抓好班风、学风建设。学工办要及时了解学生情况，对学习上的"后进分子"要做好预警工作。学生处全面掌握学生的学风动态，同时通过日常巡查，对所发现的课堂违纪学生及时予以通报，情节严重者给予相应处分，以创建良好的教学秩序。

"教学线"与"学工线"是平行的部门，但却相互融合开展工作。上至教务处与学生处联动，下到任课教师与班主任随时保持频繁、顺畅的交流与沟通，搭建起协作机制，形成教学与学工的合力，共同致力于提高教学质量、提升育人实效。

第三节　高效运转，注重实效

一、以解决实际问题为导向

民办职业院校的各项工作注重实效，以解决学校各类实际问题为导向，推进各项工作的贯彻与落实。

（一）会议以解决问题为主线

相对公办高职院校而言，民办职业院校的会议较少，会议以"务实"为主，基本以解决问题为主线。

第一，为解决问题而开会。其主要包括以下两方面：一是工作中遇到了问题，个人或者部门难以解决，需要召集相关人员开会协商，部门内部的问题，由部门负责人召集相关人员开会协商处理，涉及其他部门人员的，根据问题的严重程度，由校级主管领导或"校办"牵头召集相关部门人员开会商讨；二是学校出现了带有普遍性的问题，就需要召集问题所涉及人员开会，以会议的形式解决问题。例如，冬季学生出现各班级迟到、旷课现象趋于严重的问题，就要及时召开学工管理专题会议，并制定相应的管理举措，以解决问题；任课教师出现"课堂不作为"的现象，就要及时召开教学工作专题会议，及时制定整顿措施，以严肃教风。

第二，以例会为契机，梳理问题并解决问题。民办职业院校每周的行政例会，除了各部门汇报工作，还有一项重要议程是各部门提出工作中的难点、以及需要其他部门协助解决的问题，在会议上直接可以探讨、商议，能决定解决方案的当场予以确定，需要会后进一步商讨、论证的事项，会上指定具体人员"牵头"，协调各部门在限定期限内拿出解决方案，提高行政办事效率。

第三，会议出成效。召集相关人员开会不仅仅只是协商、探讨，最终目的是为了解决问题。因此，开会不能"议而不决"，否则会议就流于形式，会议经商讨能决定的事项可立即确定并予以实施。例如，重大事项需请示汇报的，会议拿出可行性的方案，会后经相关领导批准立即执行，让会议真正发挥应有的功效，以会议的形式助推民办职业院校行政管理体系的高效运转。

（二）解决问题责任到人

民办职业院校在岗位职责上就较为明确，工作中所出现的问题责任落实到人。

第一，在教学课堂上，教师就是教学工作的第一责任人，有什么教学问题，教师要承担主要责任。教师是教学过程的主导者与引导者，教师自身备课是否充分、教学常规有无遵守、教学过程是否认真等问题，民办职业院校通过完善的教师管理制度加以约束，教师规范教学是续聘的基本前提，让教师对教学工作心存敬畏之心。

民办职业院校的学生相对难管，学生上课玩手机的"低头族"现象、睡觉的现象、迟到早退的现象、讲话吵闹的现象等各种乱象是否存在？如果存在，作为主导课堂教学的教师理当承担主要责任。如果对课堂乱象"放任不管"，使得课堂教学流于形式，就应被问责。明确了责任，就会督促教师在课堂上从"敢管"到"善管"。

第二，在班级管理上，班主任就是班级事务的第一责任人，班级里有什么问题，首先找班主任解决。民办职业院校的班集体是班主任的一张特殊名片，遇到班集体的任务事务首先是了解班主任是谁。当学生出现迟到、早退、旷课现象，除了任课老师会加强管理，同时也会第一时间将信息反馈给班主任，班主任在管理上予以跟进，以此形式合力。如果一个班集体被众多任课教师反馈各类问题，作为班主任也"脸上无光"，同时学校对班级管理也有相应的考核标准，班级问题层出不穷，那班主任的带班能力自然受到质疑，这就会促使班主任注重对"班风"与"学风"建设。

第三，在行政岗位上，分工明确，分内的事情出了问题，解决问题自然责无旁贷，毫无推脱理由可言。此外，民办职业院校行政岗位强调的是"服务性"，其职位高低，所强调的不是职权，而是担当。管理人员所处的职位越高，担负的责任就越大，下属工作中遇到困难"无能为力"或"力不从心"时，主管领导就要主动顶替上去，帮助解决问题，这也是职责所在，这样的行政管理团队才会有凝聚力，才会产生巨大的合力。

（三）解决问题群策群力

民办职业院校的高效率来自强大的向心力与凝聚力，来自于团结、和谐的工作氛围，来自于教职工对自身服务意识的定位，来自于相互协作、群策群力的精神所在。

第一，由民办职业院校自身的危机意识所决定的。民办职业院校与公办高职院校相比，其师资力量、管理人员、招生资源等各方面都处于弱势地位，要求得生存与发展，必须依靠"合力"取胜。民办职业院校教师充分发挥集体的力量，积极钻研教学，认真备课、磨课，尤其是面对管理难度较大的学生群体，对教师的教学能力与教学艺术更是重大的考验，这就要求教师们群策群力去探讨、去摸索、去实践。

第二，由民办职业院校的管理人员相对精简的现状所决定的。与公办高职院校相比，民办职业院校的管理人员相对较少，而且管理人员身兼数职，精力有限，尽管工作务实高效，但遇到棘手难办的问题时，也会显得"人手不足""力不从心"，这就需要相关部门的及时协助。作为民办职业院校的管理人员，纵使能力再强，失去了团队的支持，也会"黯然失色"，每一个主要管理人员也都需要其他管理人员的协作，每个部门都需要其他各部门的支持，因此，遇到重大事项，集体协商，群策群力去解决问题，已成为民办职业院校的工作常态。工作不只是为自己，也不是为他人而做，而是为岗位服务的观念也已深入人心。

（四）特事特办较为普遍

民办职业院校与公办高职院校相比，在管理体制上具有很大的灵活性，可以最大限度的减少体制性的束缚，特殊问题特殊对待，特事特办的现象较为普遍。

第一，重大事项或紧急事项越级上报。民办职业院校的办学规模相对较小，教职工人数也较为精简，相互之间较为熟悉，普通教职工与学校主要管理人员的沟通渠道也较畅通。遇到紧急事项，为节省中间环节，无需层层汇报，普通教职工直接向校领导汇报的事例较为常见。

第二，涉及学生隐私的有关事务，特殊处理。在办理学生事务审批工作中，因学生申请的事由特殊，涉及家庭及个人隐私，处于对于学生的尊重与保护，学生相关信息严格保密，经办人员"越少越好"，办理程序可以简化处理。

第三，特别优秀学生可特殊招聘为学校教职工。按照现有的民办职业院校的招聘条件，其毕业生基本上不在招聘范围之内，然而还是有不少民办职业院校灵活招聘、录用部分本校优先毕业生，虽然他们在学历上没有优势，但是他们对学校情况熟悉，踏实肯定，具备良好的执行力，在某些岗位上发挥的作用不亚于从外面招聘人员。招聘工作的特事特办在民办职业院校也较为常见。

二、以工作出成效为核心

（一）"忙而不乱"

民办职业院校各岗位的工作量较为饱和，但井然有序、忙而不乱。

第一，合理安排工作量。民办职业院校教职工根据岗位设置在完成基本工作量的基础上，对于优秀人员适当增加工作量。例如，专任教师在承担教学任务同时，担任班主任；专职"学工线"管理人员在承担学生管理工作同时，适当承担部分教学工作量；部分行政管理人员做好本职岗位工作同时，承担班主任与少量教学工作等。其主要基于以下几方面的原因：一是为了增加教职工的收入，鼓励"能者多劳""多劳多得"，激励教职工的工作积极性；二是通过发挥教职工的最大效力，精简人员，节省"人力成本"；三是学校适当增加教职工的工作量是一种潜在的"考验"，也是在锻炼、培养复合型人才，为学校发展发掘优秀的骨干人才。

第二，合理安排时间。一人身兼多职，这就必须要求民办职业院校教职工合理安排好时间，忙不是借口，也不是不办事的理由，"什么时间办什么事"，要有合理的规划。例如，专任教师兼任班主任，就要充分利用好早晚自习"督班"时间将班级事务梳理清楚，有什么班级事务尽量利用这个时间段处理，只要班主任管理有方，班级事务也会顺畅、简单许多，一般性的事务可交由班干部处理，班主任"遥控指挥"。班主任也可将自己课表告知学生，上课期间不能被打扰，有事课后解决，突发的紧急的事务由"学工线"管理人员临时处理。身兼多职，尤其注意工作间的衔接，以此保证工作不留空当、不留死角。此外，身兼多职，事务繁多，但各项工作总有轻重缓急，把握好这个原则和度，工作自然就忙而不乱。

（二）"忙出成效"

第一，"今日事，今日毕"，工作有效率。民办职业院校的各岗位工作量相对饱和，工作节奏较快，如果没有较高的工作效率，事务只会越积越多，最终陷入"无从下手"的地步。因此，民办职业院校所倡导"今日事，今日毕"，并已形成一种工作氛围和无形的约束力。

第二，工作汇报有内容，突出成绩是关键。民办职业院校各岗位系列都有工作例会，工作汇报已形成常态化，汇报内容要求务实，具体做了哪些工作、取得哪些工作成绩，这是汇报的重点，"忙出成绩"是根本的考核指标。没有成绩的忙碌只是"瞎忙"。

第三，工作有创新，成绩有亮点。民办职业院校对于广大教职工尤其是管理人员的要求，除了要完成既定上传下达的工作，更重要的是要做开创性的工作，工作中勇于创新，善于创新，工作成绩有亮点，这是民办职业院校最为人欣赏的能力所在。

（三）"领导带头是关键"

第一，领导能独当一面。民办职业院校的管理人员相对"精干"，主要管理者都能独挡一面去解决问题和处理事务，能够带领团队在完成学校布置的既定工作的同时，善于做开创性工作。假如遇到问题就请示汇报，遇到难题就退缩，"把问题抛给学校去解决"，整个学校的工作效率将极其低下，久而久之，大家只挑简单的工作做，把困难都"上交"，那么整个学校也就毫无活力可言。民办职业院校对管理者的要求是在职责范围内所遭遇的问题，必须要做到迎难而解，超出权限需要请示汇报的，也需要拿出具体的建议方案供学校领导层决策。

第二，领导能以身示范。民办职业院校所强调的"四个能力"，相应岗位的领导者首先就具备过硬的能力与素质。负责教学管理的领导者必须具备优秀的教学能力，能深入一线教学，了解学生的真实学情，了解一线教师的困惑所在；作为学工管理的领导者必须具备良好的带班能力，"敢管""善管""会管"；作为招生工作的管理者必须"懂招生""会招生"，能恰当运用招生资源、调动招生人员积极性，能更好的进行招生布局，"精准招生"；作为行政管理岗位的领导者，能协调各类关系，做好"服务者"。民办职业院校领导者对下属的要求首先自身要做到，所谓"打铁还需自身硬"，以身示范是最好的管理效应。

第三，领导加班成常态。民办职业院校由于部门精简、师资人员压缩，个人工作量相对饱和，在正常工作时间内难以完成工作任务的，加班已成为自觉行为，尤其是领导加班已成常态。民办职业院校的主要管理人员加班的原因有以下几方面：一是处理未完成工作任务，各部门负责人在有限的办公时间内主要根据事情的轻重缓急处理紧急事务，很多积压的工作只能通过加班来完成；二是处理各类突发的事件，主要行政管理人员处于随时待命的状态，尤其是学生安全问题无小事，遇到突发情况，领导者要第一时间赶到现场处理；三是临时召开会议，工作时间各部门负责人有事务处理，或有其他工作安排，难以召集开会商讨事宜或布置工作，"下班时间"开会成为了许多民办职业院校的习以为常之举。民办职业院校主要管理者加班成常态，也起到了很好的模范带头作用，推动了学校整体工作效率的提升。

三、以提升学生满意度为目标

（一）学生满意度对于民办职业院校的独特意义

在民办职业院校，学生的满意度其是办学的"生命线"，对学校的生存与发展具有重大影响。

第一，学生满意度直接影响到学生的"流失率"。2018年开始，各民办职业院校迎来了"00后"为主体的新一代大学生，他们的"个性"鲜明，自主意识更加强烈。另外，由于民办职业院校录取分数线相对较低，部分省份更是实行注册制入学，学生进大学"门槛"较低或者根本就没有"门槛，导致部分学生被民办职业院校录取，这并不是学生真正考上大学，而是学生"被录取"进了大学，尤其是一些学习习惯不好、学习态度较差、学习基础非常薄弱的同学也"成为"了大学生，对于轻而易举获得的上学机会，个别学生不懂珍惜，甚至还有部分学生自身并不想读书，而是被父母逼迫进了大学，他们在校稍有"不如意"，感到校园生活的满意度低，就闹着要退学。而且，在民办职业院校退学现象具有"传染性"，一个学生退学可能会影响到室友、同乡、恋人等"朋友圈"，严重影响到学校的"流失率"，这是民办职业院校当前遭遇的一个非常尴尬的现实。

第二，学生满意度影响到学生学习效果。民办职业院校不同于公办高职院校有着相对稳定的生源，而往往是依靠"捡漏"，在大多公办高职院校招满之后才能完成招生计划，从整体生源质量而言其学习基础、学习习惯、学习态度与公办高职院校还有一定差距，而这些学生成长环境相对优越，吃苦耐劳的精神较为欠缺，他们对大学的条件设施有着较高的期待。因此，学生的学习从某种意义上来说是建立在相对舒适的条件与良好的校园服务上的，学生对校园生活不满意，学习上便缺少动力，学生的满意度成为部分学生学习的前提。看似荒谬的问题，却真实存在着。在民办职业院校对少部分同学而言，学习并非他们的头等大事，"校园生活舒服才是最重要的"，这也是他们挑选学校的最核心因素，只有将他们生活安顿好了，让他们有了校园生活的幸福感，在此基础上再引导他们逐步培养自觉学习意识，并按照人才培养目标的要求，刚柔并济对他们实行教学管理，传授知识技能。

第三，学生的满意度影响到学校的招生工作。生源是民办职业院校的命脉，关乎民办职业院校生存与发展，如果没有了学生生源，自然就不需要相应的教师，也就不会有学校存在的必要。因此，招生工作历来被民办职业院校视作"为饭碗而战"。在当前信息化时代，学生的满意度往往通过贴吧、微博、论坛、QQ群、微信群、朋友圈等形式在网络上传播，民办职业院校最忌讳在招生季出现负面的信息，在校生的一句话或者网络上的一个负面帖子都有可能让一个潜在的生源改变对志愿学校的选择。反之，如果学生校园生活满意度高，对学校有着强烈的认同感，那么这些在校生就无形之中就组成了一支规模庞大的招生队伍，可以为民办职业院校的招生提供积极的宣传，他们的语言比招生老师的宣传更有说服力与可信度，每一位同学身边的亲友中可能就有潜在的"招生对象"，这对于招生工作必将是一个巨大的促进。

第四，学生的满意度影响到学校的社会声誉。影响民办职业院校社会声誉的因素有很多，但学生及其家长对学校的认可度与满意度是其最核心的要素，学生及家长的"口碑相传"对学校声誉有着最直接的影响。在当前网络信息时代，想要迅速提升学校的社会声誉还较为困难，但要给学校的社会声誉造成负面影响却是异常容易。如果学生对学校"怨气"很重，满意度极低，他们会将相关信息告知家长，有的家长"维权"意识强烈，在证实学校的确存在一些问题之后会通过网络、电话等方式向相关部门举报反映，这是民办职业院校的一大"软肋"，在教育主管部门眼里"投诉举报都是大事情"，有投诉可能就有问题，投诉多那就是一定有问题，会责成相关学校作出"解释"，甚至会去调查处理，不管最终结果如何，这对于民办职业院校的社会声誉而言都会受到很大影响。反之，如果学生对校园生活满意度很高，那么家长也会因"孩子的满意而满意"，学生及家长的口碑就是学校社会声誉的"金字招牌"。

(二) 切实提升学生满意度的有效举措

第一，提升学生教学满意度。民办职业院校要获得长远发展，抓好教学质量是核心。尽管学生的生源基础相对较弱，但大部分学生还是有着强烈的求学欲与求知欲，尤其是大部分家长还是希望子女能学有所获、学有所长，对学校的教学管理尤为注重。这也是对民办职业院校的教学管理的巨大考验。针对民办职业院校学生的学情，教师课堂管理难度更大，需要教师首先要有很强的课程掌控能力，有效的教学是建立在良好的管理基础上的，学生的教学成绩既是教师"教"出来的，更是教师"管"出来的，通过有针对性的教学管理，让学生真正能学有所获，提升学生及家长对学校教学质量的满意度。

第二，倡导人性化学生管理。民办职业院校的学生管理，要从关心关爱学生入手，去影响学生、感化学生，让学生的生活习惯、学习态度等都悄然发生变化。学生来自"五湖四海"，有的学生是第一次远离家，多少有些不适应，正是需要老师们的关心与关爱来帮助他们尽早适应新环境。关心关爱更是同学们心理的需要，老师的一个赞许，一个关注的目光，一个信任的点头在他们的眼中都是一种爱，都是一种鼓励，都是他们前进的动力，可以帮助他们找回学习上久违的自信。对于教师而言，关心关爱学生是新时期教育主管部门和学校对教育工作者提出的基本要求，也是教师做好教育工作的精神力量，一位教师，只有对学生充满无私的爱心，才能产生做教育工作的强烈愿望，才能千方百计地教好学生，不惜为之废寝忘食，呕心沥血。学生进步了，为之感到欣慰；学生退步了，为之焦虑不安；学生犯错误了，为之痛心和自责。有了这种爱，教师才能主动地去了解学生、关心学生、才能耐心地教育学生，才能潜心钻研教育教学，探索新方法、新形式与新途径。尤其是对民办职业院校学生的管理，不仅是一个"技术活"，更是一个需要情感、精力投入的"良心活"。

第三，完善学生校园生活服务。要提升学生校园生活的幸福指数，就要从改善学生生活设施、完善校园生活服务质量入手，关注与学生日常生活密切相关的问题，解决好学生实际生活中遇到的现实困难。

让学生方便出行。对于地处市区的民办职业院校而言，学生出行相对便捷，"滴滴""的士"、公交，甚至地铁等多种方式可供选择。然而，对于地理位置相对偏远的民办职业院校而言，如何让学生方便出行的确是一大难题。民办职业院校的办学历史相对较短，近些年兴办的学校很难在城市中心去兴建，一般会选择城郊、经济开发区、新规划的高教园区等，配套的基础设施建设还不够完善，交通出行相对而言不太方便。这就需要校方积极与政府部门沟通，拿出切实有效的方案，例如开通公交专线、增设"共享单车"供应点，以及周末开通固定班次的大型超市免费接送车等，让学生出行变得方便快捷。

让学生方便就餐。"吃"是当前学生校园生活中的重要内容，是同学们衡量校园幸福指数的重要指标。为了让同学们吃得满意，很多民办职业院校引进知名的餐饮集团，提供多元化的美食窗口，满足各类同学的口味。同时，在校园倡导同学们就餐后及时将餐盘放到回收台，以便于减少同学们等待餐厅人员收拾餐桌的时间，提高座位的有效利用率，不仅是方便他人，也是在方便"每一个自己"，极大减少了用餐高峰期的拥堵量。另外，在用餐高峰期增设供应窗口，减少同学排队时间；延长用餐供应时间，以便同学们可以灵活错开高峰期用餐，也能享受充足的菜品供应。通过提供便捷的餐饮服务，切实消除学生对"吃"上的"怨气"。

让学生方便"收货"。当前"网购"也是大学生们必不可少的日常行为，紧接着就是等待"收货"，如何及时的取到快递包裹，既是同学们的期待，也是困扰学校的一大难题。快递问题解决不好，也会引发学生的不满。快递问题只能靠有效疏导，民办职业院校中比较好的做法是引入市场化、专业化的管理。例如，引入"菜鸟驿站""丰巢"等物流管理，学校提供（出租）相应的场地，与对方签定管理协议，并收取一定的管理费。同时，将师生们对快递比较集中的需求与诉求交由引进的快递公司去完成与实现，根据同学们的作息时间制定相应的快递取寄件时间，并给予同学们寄件协议价。做好学生"网购"的服务保障工作，也是提升学生校园生活幸福感与满意度的有效路径之一。

第四节　注重考核，优胜劣汰

一、分类对"四个能力"考核

民办职业院校的对师资队伍的要求有其独特性，对于学历、职称的要求没有像公办院校那样设置较高的门槛，但对于"能力"的要求却较为苛刻。根据民办职业院校的实际情况，参照岗位不同，一般会要求教师们具备教学能力、带班能力、管理能力、招生能力等"四个能力"，并分类予以考核。

（一）教学能力

对于教学一线人员，教学能力是基本要求，坚持常规考核与动态考核相结合，主要从以下几方面：第一，教师入口关就从"试讲"开始，"试讲"不合格，"材料"再优秀也无法录用；第二，教师日常的教案、课件、授课进度的检查与抽查，对于教师日常课堂授课情况的巡查，严禁教师"无准备进课堂""糊弄学生"，严禁教师混课时费的现象；第三，考核教师的课堂管理能力，民办职业院校的生源基础较弱，尤其是高考未上线的成教和自考生的课堂管理难度较大，教师能否掌控课堂、能否引导好学生是一大难题，也是民办职业院校教师立身必须掌握的技能；第四，考核教学实效，一方面通过学生测评，了解学生对教师的"满意度"，在当前生源竞争日益激烈的背景下，学生的"满意度"也是学校追求的目标。如果学生满意度不高，哪怕教师有着高学历和高级职称，可能也会失去留任教学的意义。另一方面，用学生教学成绩说话，例如英语教学可以看英语等级考试通过率，计算机基础看计算机等级考试通过率，自考统考看班级通过率与全省平均通过率的差异，尤其是少数民办职业院校的自考统考教学，为增加教师紧迫感，同时让教师更熟悉了解考试规律，要求教师和学生一道报名参加自考统考，教师的考试成绩作为评价教师教学能力的参考因素之一，学校为教师考试成绩保密。通过这些方式，教师能不能上好课，教师的教学能力如何就非常清晰了。

（二）带班能力

对于学工一线人员，带班能力是基本要求，同时鼓励教师、行政人员兼任班主任。对于带班能力的考核主要有以下几个方面：第一，考核班级的"流生率"，民办职业院校的生源是根本，没有了学生自然就没有了老师，更没有了学校。因此，做好学生稳定工作、防止学生流失是班主任工作的重要内容，也是考核班主任的首要指标。第二，考核班级的教学成绩，教学成绩不仅仅是任课教师的责任，也是班主任的责任，班级之间教学成绩的横向比较也是考核班主任的重要指标之一。第三，考核"班风"，对"班风"的考核有具体的量化指标，"班风"的第一责任人就是班主任，任何问题首先找班主任，在民办职业院校的生源质量较弱的背景下，学生学习自觉性较差，就会出现"保姆式班主任"，为防止学生迟到，早上进入寝室叫"懒床"的学生起床，白天将逃课的学生"押回"教室，晚上防止学生通宵游戏，督促学生睡觉。尽管"保姆式班主任"非常尽职尽责，但并不值得提倡，"班风"的好坏与保姆式管理没有必然联系，只要班级"班风"好，班主任的管理方式可以各有不同。反之，尽管班主任将学生"照顾"得很好，但"班风"依然很差，这也是班主任带班能力"无能"的表现。第四，考核班主任的向心力、凝聚力，班主任能否将学生"镇得住""管得住""引导好"，就看班主任在学生心中的威信怎样，班主任能将学生紧紧地团结在周围，这也是民办职业院校对班主任最期待的能力之一。

（三）管理能力

对于行政人员而言，具备一定的管理能力是最基本要求，具备良好的服务意识和团队建设能力能最基本素养，对行政人员的考核主要有以下几方面：第一，考核工作实效，一个非常有效的方式就是学年末"上台述职"，不能讲部门做了什么，主要讲个人为部门或为学校做了什么，接受部门人员或全校人员的民主评议，工作是否扎实，大家心里"有杆秤"；二是考核其服务意识，民办职业院校行政管理人员不同于公办院校的所谓"行政级别"的优越感，本身就是"服务者"，服务全校师生，寓服务于管理之中，通过优质的服务与健全的制度来行政管理职能，服务做好了，管理自然顺畅了。第三，考核团队建设能力，作为行政管理人员，尤其是部门负责人要"独当一面"，必须管理好、建设好、引导好所在团队，重大事项亲力亲为、敢于担当、勇于担责，就会让团队人员敢于去"冲锋陷阵"、乐于"同舟共济"，团队才会有活力、才会有力量、才会有作为。总之，对行政管理人员的考核，不唯资历、不唯学历，只唯能力，只看实效！

（四）招生能力

对于招生人员而言，招生能力是其立身之本，对于招生能力的考核就看招生人数的多少来衡量其招生贡献的大小。由于民办职业院校的生源竞争日益激烈，招生人员作为特殊的教师群体而存在。纳入国家统招计划的民办职业院校的招生工作相对而言还相对有所保障；对于以招收自考、成教学生为主的民办专修学院，招生是头等大事，从校内选拔招生人员或从校外招聘招生人员都是每年招生季开启前的重大事项，招生人员被派往全省各地，甚至全国各地，在所负责区域"穷尽办法"开展招生工作。如果招生效果良好，招生人数众多，超额完成招生指标，回到学校就似"胜利凯旋"，可享优厚待遇；如招生结果惨淡，离招生指标相差甚远，回到学校可能会被"冷落""边缘化"，收入情况也会减少很多。招生的风险让很多校内教师不敢轻易出去担任招生人员。但是，民办职业院校又需要大量招生人员去撑起学生生源数，使得具备良好招生能力的教师在民办职业院校显得尤为稀少、尤为重要。招生人员对民办职业院校（特别是民办专修学院）独特的贡献，也使得他们回校后敢于挑战学校管理底线，无视学校规章制度，给学校管理也带来一定问题，学校为用其所长，只能淡化其所短，"有苦难言"。

当然，对于民办职业院校而言，需要复合型、实用型人才，往往是"一人多岗"，"一个人干多个人的活"，这就要求民办职业院校的师资队伍都要朝着教学能力、带班能力、管理能力、招生能力而努力，兼具的能力越多，在民办职业院校的发展空间就越大，晋升速度也就越快，工资待遇也就越高。

二、倡导"三留人"原则

在民办职业院校无法给予教职工事业编制的背景下，要保障学校有一支相对稳定的工作高效的教师队伍，其举办者与管理者就要充分发挥民办职业院校所特有的办学自主性与灵活性，开创独具特色而又切实可行的用人机制，对于优秀人才做到"待遇留人""感情留人"和"制度留人"。

（一）待遇留人

"待遇留人"是指民办职业院校要进一步提高教师的待遇水平，适当拉开与公办院校的收入差距，吸引更多的优秀教师员工留下来。公办院校教师的待遇受职称、工龄、行政职务等多方面的影响，而民办职业院校对于优秀教师的待遇可突破这些限制，一切以"务实""实用"为原则。如果一个教师足够优秀，"一个人可以干几个人的活"，既能从事课堂教学工作，又能从事班级事务管理，还能具备一定行政管理能力，也能从事招生工作，这样实用型人才哪怕只是助教或讲师职称，其待遇可远超过一般的教授或副教授，这在公办院校是"基本不可能做到的"，使得这些优秀教师"心甘情愿"留下来，在为民办职业院校贡献力量的同时实现自身价值。对于刚毕业不久进入民办职业院校工作的教师，其享受的工资待遇也高于同类公办院校，这也正是"雪中送炭"，这些年轻的教师需要较高的收入来改善自身的生活状态，甚至还需要工资收入去还清学生时代的债务。

因此，拥有一份相对较高收入的教师工作，他们已经非常满足，也会踏踏实实的留下来工作。此外，"待遇留人"还要留下一些从公办高校退休返聘而来的具有高级职称的教师，通过较高的待遇吸引他们留下来继续发挥余热。

（二）感情留人

"感情留人"是指民办职业院校要为教师创造良好的工作环境，进行"人性化管理"，多为他们解决实际困难，让教师拥有归属感。在当前全国各地房价"居高不下"的背景下，对于民办职业院校的"老、中、青"教师而言，都有一个共同的难题就是住房。尽量为大家在校园里提供相当舒适的住宿条件和居住环境，让大家有"家"的归属感，工作上才能真正做到"以校为家"，全身心地投入工作之中，工作与生活实现了协调、兼顾，大家也就安心的留了下来。对于民办职业院校中占绝大多数比例的中青年教师而言，子女入学是一大难题，也是影响广大教师是否能留得住的重要因素。民办职业院校的举办者与管理者应该积极与地方教育局、人才服务部门协调、协商，积极寻求帮助，部分高学历教师享受"人才引进"政策，统一解决子女入学问题，对于部分具有本科学历教师子女入学问题，由地方教育局统筹安排解决，消除广大教师们的"后顾之忧"，让大家能够感受到学校大家庭的温暖，让大家带着"感恩之心"留下来安心工作。

（三）制度留人

"制度留人"指民办职业院校既要建立起合理的激励机制，让教师拥有发展空间，能够看到发展前景，也要建立起相应的约束机制，对违约行为给予一定的处罚，增加教师的"违约成本"，防止教师频繁流动。民办职业院校的师资队伍主要是以中青年教师为主，他们所关心的发展方向主要是高校教师资格证、高校职称、行政职务、收入情况等问题。民办职业院校首先应打通职称评聘、职称晋升通道，让大家看到努力的方向；明确行政管理者选聘制度，严格考核制度，以"成效服人""实力服人""仁心服人"，坚持"能者上，庸者下"，让大家有公平竞争的机会；明确工资收入制度，让大家看到"多大能力拿多少工资"，也让大家自我评价、自我衡量、自我激励，不断提升自身能力，进而获取更高待遇。同时，教师的过多、过频的流动是民办职业院校的一块"心病"，每年从民办职业院校师资队伍中考入政府部门、行政事业单位、公办院校的不在少数，流向重大企业、其他民办院校的也大有人在，此外，在正常教学周期内，因各类原因教师离职的现象也较为普遍，这些情况在很大程度上影响了民办职业院校的正常教学和运行发展，必须从制度上予以约束。尽管"人各有志"，每个人都有自己选择的权利，但是个人选择也不能无条件的影响到学校的根本利益，那么"合同"就是双方最好的约束形式，权利与义务对等，明确享受各类待遇的同时，也要明确"违约成本"，让大家"三思而后行"，慎重做出选择。

三、实行严格的淘汰制度

民办职业院校相对公办院校的"稳定性"而言就是有着残酷的淘汰制度。民办职业院校教师的工作机会是靠自己的工作表现争取来的，工作表现好，工作业绩突出，工作上越受重视，工作机会越稳定；反之，教师工作表现差，进取心不强，工作纪律涣散，工作业绩"垫底"，就会"自己砸掉自己饭碗"，最后丧失工作机会。

（一）合同制

民办职业院校对教师员工实行"合同制"，在合同期限上予以区分对待，不同人员签订不同合同年限。对于工作成绩突出、各方面表现优秀的教师职工，学校是希望签订较长的工作年限，以保障教职工队伍的相对稳定；对于表现较为普通的教职工，学校会适当减少合同年限；对于表现较为平庸的教职工，学校会"一年一签"，这也算是双方的一个"过渡期"，如果只签一年合同，这就意味着教职工可以提早准备找工作，学校也可以在学年结束前准备招聘相应岗位，给双方都留下一个缓冲时间带，同时也算是一个"考察期"。如果工作态度端正、工作能力有提升、工作成绩有起色，学校也可续聘，甚至还可延长续聘期限。总之，充分发挥"合同制"的约束力，以及"合同制"的灵活性。

（二）考核制

民办职业院校的教职员工尽管"一人多岗"、相互交叉承担者工作量，但是基本分为四个类型：以教学为主型、以学工为主型、以行政为主型、以招生为主型，学校依据岗位性质对相应的教学能力、带班能力、行政能力、招生能力进行考核。对于考核优秀者，在学年奖金分配上予以奖励性倾斜，在职务的晋升上也优先考虑；对于考核末位者，且一直无工作成绩，将会依照相关制度予以淘汰；对于考核结果不合格者，合同到期后自动解除聘用合同，不再续聘；依据考核情况不能胜任相关岗位者，及时调整工作岗位，连续两年不能胜任岗位工作，将予以解聘处理。

（三）淘汰制

通过严格的淘汰机制，进行"大浪淘沙"，首先将责任心不强、工作能力较弱者淘汰出民办职业院校师资队伍，民办职业院校不养"闲人"，也不养"懒人"，只养实干、实用之人；其次将尽管有一定能力但却不适应民办职业院校发展、也不能切实维护学校利益的教职人员淘汰出师资队伍。例如，某民办职业院校一位具有高学历的"海归"外语教师，专业知识较为扎实，但课堂上对民办职业院校学生表露有"歧视性语言"，引发学生强烈不满，最后学校只能将其解聘；此外，对于违反学校管理"底线"的教职人员也将予以解聘。例如，向学生透露考试答案、忘记教学时间、提早下课等发生重大教学事故，学年教学结束会予以解聘或不予续聘。

通过严格的淘汰机制，让民办职业院校广大教职员工树立起"忧患意识"，进而端正工作态度，踏踏实实做好本职工作，一步一个脚印，在工作中不断提升自我、磨炼成长。

第四章 公办高职院校发展面临的现实问题

公办高职院校在公办体制的"庇护"下拥有较好的资源优势，然而在其发展中依然面临着"机构臃肿，负担沉重""务虚过多，实效不强""缺少危机，缺乏拼劲""育才不易，人才流失"等诸多现实问题，亟待解决。

第一节 机构臃肿，负担沉重

公办高职院校随着办学规模的扩大，其部门机构也不断"扩容"，部门人员基本处于"只增不减"的状态，势必会造成机构臃肿、负担沉重的现象。

一、部门机构设置过多

一般公办高职院校校级的部门机构主要包括党群系统和行政系统两部分。党群系统包括党委办公室、各党总支、直属党总支部、组织部、离退休管理处、宣传部、统战部、监察审计室、工会、学工部、团委等，行政系统包括院长办公室、教务处、教学督导处、科技开发处、人事处、学生处、招生就业处、保卫处、计财处、后勤基建处、图书馆、信息中心、学报编辑部、各二级学院等。

从校领导设置来看，一般设有党委书记一名、院长兼党委副书记一名，专职党委副书记一名，副院长兼党委委员大约 2~3 名，其他部门领导兼任党委委员大约 3~4 名。校级领导人数一般为 9 人，甚至更多。

二、行政化倾向严重

1999 年高考扩招改革，当年招生总数达 153 万人，比上一年增加 45 万人，增幅为 41.7%。2002 年中国高等教育从"精英教育"迈入"大众教育"，毛入学率达到 15%。根据 2017 年全国教育事业发展统计公报数据，全国各类高等教育在学总规模达到 3779 万人，高等教育毛入学率达到 45.7%。全国共有普通高等学校 2631 所（含独立学院 265 所），比上年增加 35 所，增长 1.35%。其中，本科院校 1243 所，比上年增加 6 所；高职（专科）院校 1388 所，比上年增加 29 所。见图 4-1。

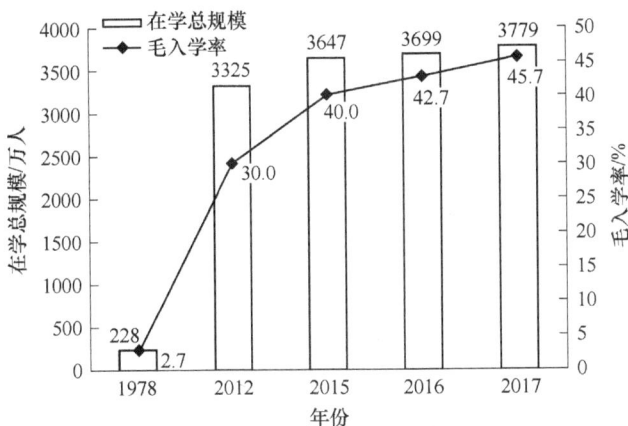

图 4-1 1978 年、2012 年、2015~2017 年高等教育在学规模和毛入学率

一座座新校舍、一栋栋教学楼拔地而起，大学的"硬实力"迅速提升。同时，在治理结构方面，坚持和完善党委领导下的校长负责制，落实和加强党委、校长职权，各职能部门强化行政管理方式、行政化倾向日趋明显。

行政化的表现之一就是目前公办高职院校同公办本科院校一样，其行政管理者不但拥有行政资源，也日益拥有了优越的学术资源，"双肩挑"者成为大学中最有实力的职业群体。担任或兼任行政职务的教师年工资收入比不担任行政职务的教师要高出许多，尤其是担任或兼任行政职务的教授、副教授拥有更丰厚的课题经费，担任行政职务甚至成为获得高级职称的重要捷径之一。与这种变化相对应的是在许多公办本、专科院校出现了教授、副教授争相竞聘处长、副处长甚至科长的奇怪现象，以变相任命制为主导的人事管理制度进一步强化着公办高职院校"唯上""唯官"的氛围，有违高等职业教育的"本源"。

高校行政化的表现之二是行政指令配置资源。能否得到科研机会和资源，很多时候不是根据科研人员的能力、项目本身的学术价值和科学研究的可持续性及规律，而是依据一些行政指令和规定，"一刀切"地设置种种门槛，资源和机会的配置随着政策的变化而变化。一段时期要培养某种"拔尖人才"了，各有关部门都按照同一标准向这类人群集中配置资源和机会，使其应接不暇，并导致重复性研究，一份研究报告甚至"通吃"若干部门。行政力量对科研资源和机会的配置常常违背了科研自身发展规律，造成国家资源的浪费和高职院校教师发展机会的严重失衡。

行政化的表现之三是学校的行政部门日趋庞大、臃肿，少数公办高职院校的行政、教辅、后勤人员远超过一线从事教学科研的教师。其多个行政部门掌控不同的权力和资源，且各自为政，下达各种项目与任务，要求填写各种表格或撰写各类总结、考核材料，综合管理一线教师。可谓"上面千条线，下面一根针"，一线教师疲于应付完成各个部门的任务和考核指标，成了标准化生产线上的"计件工作者"。

三、专任教师实际占比较低

(一) 生师比被偷换概念

根据教育部印发的《普通高等学校办学条件指标（试行）的通知》（教发〔2004〕2号）文件，普通高校生师比合格标准为不超过18∶1，普通高校生师比=在校生数/专任教师数。然而，真到了院校评估时，众多行政兼课人员都会纳入专任教师队伍中来，以实现数字"达标"。

众多校内行政管理人员尽管具备教学资质，也具备较好的教学能力，事实上只是少数人兼课或根本没有上课，大量的教学任务还需要由一线专任教师来承担，由于师资有限，只能采用外聘教师或合班上课的形式予以解决。这样使得教育部门对生师比的规定被少数院校"偷换概念"后形同虚设。

(二) 存在"教而优则仕"现象

"教而优"指业务水平突出、教学成绩优秀，能够在教育教学中起到示范带头作用的教师。"教而优则仕"是指"教而优"者进入领导层、管理层，从原有的教学岗转为行政岗。导致这种现象主要有两方面原因：（1）"官本位"思想的影响，本来是一名普通的教师，被选拔进入管理层后，被人称为某某主任、某某书记，"档次骤显"，归根结底是"官本位"思想的影响。（2）现实利益的倾斜，制度的制定与实施往往是学校管理层的行为，尤其是对现实利益的特殊处理，如利益分配、职称评审等一般会在相对均衡的前提下有一定倾斜。这种在现实利益和教学管理中均存在倾斜，往往会使普通教师心理失衡，有了"教而优"的资本后就会追求入"仕"。因而，优秀的专任教师更显"稀少"。

四、"编外"用工问题凸显

编外人员指的是具有事业单位正式编制之外的所有需要签订劳动合同的外聘员工。公办高职院校的主体人员包括具有正式编制的教职工，即在编人员，雇用的工勤人员与代课教师则是编外人员。其用工形式主要有聘用合同制度、人事代理制度、劳务派遣制度。目前，编制外用工是公办高职院校改革发展中的一种客观存在，它在一定程度上很好地缓解了严格控制事业编制和公办高职院校发展用人紧缺的矛盾。但是，编制外用工存在的一些问题也不容忽视。

(一) 用工不规范，管理主体不明确

公办高职院校编制外用工的使用范围很广，包括学校行政处室、学院二级部门、实验室、实训基地、科研团队，还有科研项目组等。用工主体的不同导

致了公办高职院校编制外用工管理的主体不明确，并且增加了编外用工管理的复杂性。在编制外人员的招聘、录用方式上，缺乏规范统一、公开透明的操作程序；对劳务派遣、人事代理、单位自管等不同管理方式的编外人员在适用范围、招聘条件等方面缺乏明确统一的标准；对未经批准的编外用工缺乏规范的清理措施和监管措施；在其工资待遇、考核晋升、奖惩辞退等方面的管理随意性较大。

（二）相关制度不健全，易引起劳动纠纷

当前，部分公办高职院校没有与编外人员签订书面的劳动合同，仅仅是达成口头协议。同时，在管理方式方法上不规范。例如，与编外人员签订劳动合同存在合同期限长短、工资待遇、福利保障标准等不相同的情况。究其原因主要有两个方面：一是部分公办高职院校为了降低用工成本，不给编外人员缴纳社保，编外人员享受不到和编制内人员相同的工资待遇和法律保障，容易引起劳动纠纷；二是很多编外人员的参保意识不强，编外人员由于缴纳社保需要个人承担一部分而不愿意参加社保，甚至有人写书面申请或与学校达成协议，承诺自己不愿意参保，要求高职院校将单位缴纳的保险费发放到个人手中。由此而引起的劳动纠纷，使得学校要承担高额的经济补偿金和赔偿金。近年来，随着公办高职院校人事改革的不断深入和员工的法律意识增强，高职院校与编外用工人员的劳动纠纷逐年增加，这大大影响了校园的和谐稳定与可持续发展。

（三）同岗不同酬，影响工作积极性

公办高职院校由于诸多因素的制约，多采取低成本用工方式。究其原因，一是学校聘用部门、经费来源渠道、聘用时间、保险待遇等不统一规范，没有做到同工同酬；二是编外人员与编内工作人员的工资待遇相比，差距很大，且在福利待遇上，各单位可自我调控，没有约束，与在编人员差异较大，工作中常常有超时用工的现象。另外，编外人员在工资福利、学习进修、管理使用等方面与编内人员还存在差异，这直接影响了编外人员的工作积极性。

（四）行政效能降低，增加了财政负担

公办高职院校过多编外聘用人员的存在，形成了"临时工干，正式工看"的局面，导致部分正式在编人员不深入实际的作风，大大的降低了行政效能。依据相关规定，公办高职院校编制内的员工工资福利经费支出是纳入财政预算管理的，但是，大量的编外人员的工资福利支出都未纳入财政预算管理，况且一般是作为临时性的支出，毫无保障可言。部分公办高职院校只能靠挤占办公经费、项目经费等办法开支。

第二节 务虚过多，实效不强

相比民办院校而言，公办高职院校"务虚过多，实效不强"的现象较为严重，相应的监督制度还不够完善，未形成有效的制约手段。

一、各类会议虚而不实

（一）"为开会而开会"

当前，国家倡导精简会议，各公办高职院校在具体执行过程中也的确不同程度精简了会议。但是，有些会议要不要开仍然值得商榷，甚至"为开会而开会"的现象依然存在。部分高职院校行政处室或二级院系之所以热衷于开会，其原因有以下几方面：有的领导干部的思想认识不到位，认为发文件部署工作的力度不够，只有召开会议亲自提一提要求，才能引起下级的重视；有的部门为图简单省事，以会议落实会议，开会传达后就算"任务完成"，亦可形成文字与图片材料应付上级检查；有的干部怕担责任，通过会议把上级安排的工作布置下去就算"落实责任"，一旦出了问题，问责的"板子"也打不到自己身上。

开会不是目的，解决问题才是关键。会议的质量要体现在具体的工作中，用服从全校发展大局、服务师生的实效来检验。一方面，各公办高职院校的领导干部要牢固树立实事求是的工作作风，如果一项工作在文件上有规定、规章制度中有要求，就应严格按章办事，而不要以会"促动"或听到领导的要求才动。另一方面，会议要避繁就简，没准备充分的坚决不开，能以电话、文件等形式"代劳"的不开，能面谈解决的不开，能打捆合并的合并开，能开短会的不延长开，力争开出效率、开出成效。

（二）党务会议重"虚"轻"实"

公办高职院校的党务工作是明显要强于民办职业院校的，各层次的党务会议、理论学习也是明显频繁很多。但是形式主义的务虚过多，往往是根据上级精神，来传达和学习中央及各级部门的指示精神，从高职院校的党委层面、二级部门的党总支层面、科室的支部层面逐层召开学习会，主题党日活动往往也缺乏"接地气"的内容。

党的建设在思想意识上，具有很强的政治性和指导性。很多工作或活动看似比较"虚"，但对于党的建设却是十分必要的，如理论学习、思想政治教育、宣传工作等。这些务"虚"工作对于统一思想、增强党性、提高党员干部队伍整体素养具有重要意义，不能因其"虚"而被忽视。

建议公办高职院校的党建"务虚"与"务实"相结合，二者应相辅相成、缺一不可。务虚和务实的过程，就是理论联系实际的过程，就是学用结合、学用相长的过程。党建工作要以"虚"促"实"，要把理论的要求和精神实质内化于具体工作实践。例如党建宣传工作要注重典型经验、典型事迹的宣传报道，把学校优秀党员教师的风采、优秀学生党员的事迹多方位宣传，增强宣传工作的代表性和感染力。在高职院校的具体工作中，存在教学、学生管理等业务工作的薄弱环节，党建此刻发挥抓手作用，坚持业务工作困难在哪里，党建工作就延伸到哪里；坚持党员教师的实际困难在哪里，党建的"援助之手"就会伸到哪里；以解决实际问题为导向，把高职院校的党务会议开得更具实效，把党建工作做得更扎实。

（三）会议记录欠规范

会议记录是记载会议基本情况的文字材料，是由会议直接形成的重要原始档案，是日后可供查考的重要凭据。会议记录是否规范、质量如何，关系工作的正常进行，关系其转化为档案之后的完整性、真实性，既影响当前，也影响长远。然而在公办高职院校中，校党委会、校长办公会等会议记录相对完整规范，到二级部门、各科室和教研室层面的会议记录就相对"粗糙"不少，会议记录不规范的问题较为突出。有些记录未记载会议日期、地点、主持人、记录人；有些记录只记了参加人、发言人的姓而没有记名；有些记录过于潦草，辨认十分困难；有些记录过于简略，不能反映与会者的发言主旨和会议原貌；有些记录对与会者有关重要决策的表态发言没有记录，会议结论缺失；还有会议记录本不固定等问题。

二、"官僚"风气较为严重

高校官僚主义的形成是一种复杂的社会过程，是官僚主义作风在高校这个环境的衍生和扩展。在高校存在的官僚主义现象，大致可归纳为以下几点：

（一）"只唯上、不唯下"现象

2017年，新华社发表《形式主义、官僚主义新表现值得警惕》一文，引起习总书记的关注与批示。新华社的文章反映，党的十八大以来，从制定和执行中央八项规定开始，全党上下纠正"四风"取得重大成效，但形式主义、官僚主义在一定程度上仍然存在。例如：一些领导干部调研走过场、搞形式主义，调研现场成了"秀场"；一些单位"门好进、脸好看"，就是"事难办"；一些地方注重打造领导"可视范围"内的项目工程，"不怕群众不满意，就怕领导不注意"；有的地方层层重复开会，用会议落实会议；部分地区写材料、制文件机械照抄，出台制度决策"依葫芦画瓢";一些干部办事拖沓敷衍、懒政庸政怠政,把责任往上推;一些地方不重实效重包装,把精力放在"材料美化"上,搞"材料出政绩";有的领导干部热衷于将责任下移,"履责"变"推责";有的干部知情不报、听之任之,态度漠然;有的干部说一套做一套、台上台下两个样。

这些现象和问题不仅在政府机关存在,在公办高校包括公办的高职院校也依然存在,"只唯上、不唯下"现象较为突出。

在实际工作中,少数领导干部"不唯实、只唯上",上级领导说什么就是什么,上级领导怎么说就怎么做,全然不顾上级领导的指示是否与本部门实际情况相符,是否与部门一线教职工的普遍心声相一致。当然,对上级领导应该尊重,对上级领导的指示也应该去执行,但是发现领导的指示本身有问题,在实际执行中会出现负面的效果,就应该敢于站出来"提建议",敢于把基层一线教职工的心声反映上去。不管对错的照搬与照办,就是典型的形式主义中搞机械化执行。

"只唯上、不唯下"的现象并非只存在于高职院校的管理人员中,也有处室领导"平易近人""谦逊有礼",而部门办事人员"高高在上""应付了事"。常常出现普通教职工正常的工作衔接、工作沟通或工作事项的办理,需要"折腾"多次还未必办妥,他们总可以找出不办或暂时办不好的理由,听上去似乎又"名正言顺"很有道理。然而,如果有相关领导"介入",领导当面一句话或者一个电话、一个信息,事情的办理就顺畅很多,甚至很快就有了结果。

(二)"不负责任、敷衍推诿"现象

在公办高职院校中,有少数行政管理人员身在其位不谋其政,对工作的事、集体的事、教工的事敷衍应付,遇到难题尽量回避矛盾,能躲就躲。会议发言说的"头头是道",需要解决问题拿出具体意见时,往往含糊其词、模棱两可。对工作中的重大决策,不深入基层调查研究,不关心一线教职工的实际困难,不倾听一线教职工的意见,不集体讨论,失去有效监督,违反民主集中制程序,主观武断,随意做决定。有的领导工作不扎实,学习不够,对上边的精神吃不透,下边的情况不熟悉,工作无的放失,重形式、走过场,只是满足于"文发了、会开了、话讲了",究竟落实得怎样,却很少过问。

党的十八大以来,全国上下狠抓"四风"建设,公办高职院校的"官僚"风气有了明显的改变,工作作风也有了一定的转变,以往"门难进、脸难看、事难办"的现象已经基本不存在,然而"门好进、脸好看、事难办"的现象却时而存在,工作中对关系教职工切身利益的大事,对于教职工普遍关心的问题及合理诉求,容易出现"议而不决、决而不行、行而不果"的局面,这也在很大程度上影响教职工的工作积极性与工作幸福感,也影响到教职工对学校的归属感与认同感。

对于少数领导干部中存在的不良工作作风，教职工心里都有一杆"秤"，但是却难以有合适的建议渠道。尽管教职工代表大会是代表全体教职工的，但是哪些人是学校的教职工代表恐怕很多教职工都不知道，这是一个很"尴尬"的现状。教职工代表大会能否真正把"民意"收集、反映上去，又能否得到最后的落实，这也是当前的一大难题。此外，还有党员的监督，每个普通党员教职工有对学校党员领导干部中不良现象的监督权，但是"能"监督并不等于"敢"监督，更不等于"有效"监督。如果更好的发挥"民心""民意"的力量去遏制高职院校中的不良作风，这是学界与教育主管部门应该共同关注的问题，应该引起重视。

（三）学生干部滋长"官风"现象

2018年7月，一则中山大学的学生会干部任命公告引起网友热议。在这份公告中，按照三个层级公示了两百多个学生干部岗位，一些岗位后面还被标明"正部长级""副部长级"，甚至一个办公室副主任的职位还标注着"主持常务工作，正部长级"。对此，有"定岗定级，满满官僚"的负面评议。虽然在引发舆论关注后，中山大学学生会删除了这份名单，并回应称"对错误使用了级别的表述深表歉意"。但从舆论倾向中也不难看出，社会公众对于官僚之风在部分高校学生会组织之中蔓延的厌恶和担忧。

当前，不仅本科院校，连同公办高职院校的学生会组织中，参照行政体系设置"官职"，并赋予所谓的"行政级别"并不鲜见，一些学生干部有样学样，行为处事"官腔官调"，甚至滋生校园腐败的现象也为不少学生所诟病。这种"官本位"的不良思想，很容易使大学生的人生观、价值观发生扭曲，倘若追名逐利、攀比炫耀之风在校园四起，无疑不利于学生的成长成才。

从设立的初衷来看，学生会本应是服务学生的自治组织，意在激发和培养大学生自我管理、自我服务的意识和能力。大学校园，无论何时，都因青年学生朝气蓬勃、积极向上的精神风貌令人向往。而学生会组织更应成为最具活力的学生团体，学生干部也应是综合素质和个人涵养最为突出的代表。

习近平总书记曾指出，做青年友，不做青年"官"。要严防官僚主义、形式主义等不正之风侵染高校学生会组织，就需要公办高职院校的管理者正确认识学生会组织的职能作用，在机构和职能设置上避免过多行政化的效仿，更要在学生干部中积极开展作风教育和行为约束，进一步深化民主评议和学生监督，通过行之有效的制度改革和严格有力的权力监督让学生会组织回归为学生服务的初心。此外，高职院校的学生处、团委等部门也应强化对于学生的正面引导，注重对学生价值观念的影响和塑造，通过更多教育和实践手段消除学生干部的"官气"，坚决遏制学生干部"官风"的滋长，把官僚习气清出校园。

三、办事程序 "繁琐"

(一) 审批流程复杂

公办高职院校为从工作规范角度出发，对师生的各项事务实行审批制度。与教师相关的审批有：出差审批、财务报销审批、进修审批、培训审批、办公用品采购审批、申请校园文印服务审批、调换课审批、借用临时教学活动场地审批、申请教师公寓审批、申请校园门禁系统审批等涉及教师工作生活的各个方面；与学生相关的审批有：请假审批、成立社团审批、申请志愿者活动审批、申请缓考审批、申请休学与复学审批、申请学生活动场地审批、申请宿舍维修审批、申请通校审批、申请贫困补助审批、申请助学金贷款审批等等涉及到学生的学习生活各个方面。

看似规范化的操作，然而审批流程过于复杂，在实际执行过程也暴露出一些问题。

第一，审批的流程设计不够合理。当前公办高职院校的审批流程的设计上，广大师生只是执行者，而不是参与者、建议者，显然不够合理。对于制定各项审批制度，学校应该统筹管理、统一决策这没有任何问题，但是在决策前应该进行广泛的调研，多听取广大师生的意见和建议，从师生的实际需要出发，多考虑"可行性"与"便利性"，进而再结合"规范性"，最后对审批各环节进行梳理，在师生办事实践中予以检验其合理性，并根据校情、学情的变化适时进行修订。

第二，审批制度的"不透明性"。各项审批制度既然是制定出来为全体师生所用的，就应该开展校园审批制度专题化的学习与培训，尽可能让全体师生所知晓，或对各项办事的流程集中公示出来供大家熟悉掌握，而不是大家遇到事情了而四处咨询、打探办事流程，甚至只能靠自己在实际办事过程摸索出经验，这对于每年的新进教师与新生而言都是一个常见的问题，这也暴露出部分高职院校在制度建设上欠规范性，以及在为师生服务的细节上欠细致周到的考虑。

第三，审批负责人"人难找、字难签"。以教师的审批事项为例，往往是要拿着材料找几位领导签字，教师往往是在正常工作期间而且是没教学任务、没工作任务时间段去找领导签字，而领导一般也比较忙，可能在开会、可能在出差、可能在上课、可能正好在接待客人、也可能手头有事情在忙，要么不在、要么在但又不便打扰这些现象较为常见。可能领导真有时间了，那教师又有可能在上课或忙于其他工作，要凑准双方的时间还真比较困难。有时时间凑好了，领导也找到了，可材料不完整，或者领导认为资格不符合，还需"研究研究"，或者认为是另外领导主管内容，应找相关领导去"处理"。这就造成了教师为了一个事情往往要跑上多次，无形之中就影响了学校整体办事效率。

（二）事项办理进展不清

在当前各公办高职院校"智慧校园"建设还不够完善的背景下，广大师生的众多事务的办理还处在"人工处理"的阶段。不仅如上所述审批的流程较为复杂，而且对事项办理的进展往往也是"信息滞后"。

不少教师在学校事务办理中，都有一种"微妙"的现象，本是正常的工作事务的办理，却似乎有一种"有求于他人"的感觉，事情也不便于"催"着办，遇到比较急的事情，就要看办事人员的"热心程度"或者看与办事人员的私交如何。如果不能加急处理，那也只能焦急地等消息了。对于事情办理进展程度如何，既无法内网上查询，也不便于反复咨询，"干着急"的滋味相信不少教师都有过体会。

事项办理结果也缺乏及时反馈。"事毕回复"，看似一个习惯，实则是一种工作素养。所谓"事毕回复"，就是说经办的事要及时回复反馈，别人不问，不代表不关心，别人不催，不代表不着急，别人交代办理的事情，其实一直都在等待着"回复"。这些"细微之处"也希望引起各管理部门的重视，把作风建设落到实处，把服务工作做到更细致、更暖心。

（三）"最多跑一次"改革有待深入

2016 年 12 月 27 日召开的浙江省委经济工作会议上，时任代省长的李强提出"最多跑一次"。2017 年 1 月，浙江省政府工作报告着重提出了"最多跑一次"改革，2017 年 5 月，央视点赞"最多跑一次"，推广浙江先进经验。2018 年 1 月"最多跑一次"改革受到了中央全面深化改革领导小组的关注。

"最多跑一次"改革理念早已在高校中推行，例如浙江大学行政服务办事大厅为师生提供的服务事项，从 2013 年 2 月启用时的 109 项增加到 2018 年的 410 项，其中绝大多数事项已经实现了"最多跑一次"的目标。目前，浙大行政服务办事大厅共有 15 个部门和单位进驻服务，设有 23 个服务窗口，承担了学校面向师生量大面广的全部服务事项。

不少高职院校也在推进校园"最多跑一次"改革。以"最多跑一次"改革为契机，改变以往办事流程复杂、效率低下的局面，全面提升学校的行政服务效率与服务水平。例如，2017 年 11 月 2 日，浙江建设职业技术学院根据学院党委《关于推进服务师生"最多跑一次"实施方案》相关要求，公布了第一批最多跑一次事项，更好地服务师生，共计 62 项。2018 年 12 月，温州科技职业学院也成立"最多跑一次"改革工作领导小组，全面推进学校行政服务化水平的改革与提升。

高职院校因势利导、顺势而为所倡导的"最多跑一次"改革，是在服务师生方面推行的一项重大便利举措。然而，纵观高职院校整体的改革成效，还有待进一步深入。（1）借用"智慧校园"建设平台的力度还不够，在信息化时代，各公办高职院校要充分利用自身经费优势，大力推进"智慧校园"服务，利用好网络平台可实现部分事务"一次也不用跑"，更加便捷的为师生服务。（2）校园专门的行政服务大厅或教师服务大厅还尚少，目前各高职院校只是基本建立起学生事务服务大厅，专门的教师服务大厅和综合性的行政服务大厅还非常少见，参照政府部门的行政服务中心的模式，整合校园行政服务资源，集中一站式办公，必将是改革趋势，也将是建设服务型校园的核心举措，希望能引起各高职院校领导的关注，及早谋划，让师生尽早受益，具体可参照学习浙江大学行政服务办事大厅、成都大学教师服务大厅的经验。

四、监督机制效力不强

（一）监督意识淡薄，缺乏自觉性

这里的监督意识薄弱，主要表现在两个方面，第一个方面是领导干部接受下级以及教职工监督的意识薄弱，另一个方面则是指下级以及普通教职工对领导干部进行监督的意识薄弱。

近年来，各公办高职院校始终坚持党风廉政建设和反腐倡廉教育，取得了一定的成效。但还是有少数党员领导干部理想信念不坚定，不重视党性锻炼修养，萌生专权、特权、擅权、玩权思想，不愿意听从下级的意见与建议，当然也更不会接受下级的监督，甚至认为下级无权监督；有少部分领导干部受西方腐朽人生价值观和社会不正之风侵蚀，陷入拜金主义、享乐主义泥潭，以权谋私；有少数领导干部手握权力，却缺乏自觉接受监督的意识，认为这只不过是走形式，上级领导的善意提醒，甚至觉得是上级对自己的不信任，满腹怨言，千方百计逃避监督；有部分教职工认为监督容易得罪领导，多一事不如少一事，因而不愿意拿起监督的武器；也有部分教职工缺乏监督的意识，认为"事不关己、高高挂起"。实际上，那些滥用权力获取的利益恰恰是关乎于自己的切身利益。

（二）监督管理缺位，效力薄弱

我国公办高职院校权力运行的监督主要来自上级教育主管部门、本校纪检部门和师生员工，但目前这种监督效力较为薄弱，还存在缺位现象。

第一，上级监督太远。正所谓"天高皇帝远"，上级教育主管部门对下级的制约和监督缺乏有力的手段，一般只是通过发文件、召开会议、接见或约谈学校领导干部等，在高职院校的监察力量也相对不足。尽管当前实行了"巡视"制度，带来了一定威慑力，但由于人力有限，还难以实现公办高职院校的全覆盖，

更难以实现对全体公办高职院校的不定期"回头看"，监管还是存在一定空缺。

第二，同级监督太软。各公办高职院校内部虽然设置了纪检监察和审计等专门的监督管理部门，但由于这些部门隶属于学校机构系统，很多时候难免会受到学校行政权力的一定干预。同时，监督机构的独立性和自主性的不够凸显，对同级的监督显得疲软无力，工作也难免会束手束脚，无真正"实权"去监督。

第三，下级监督太难。因公办高职学院长期实行行政权力模式，没有形成师生员工积极参与权力监督的氛围，民主监督积极性相对不高，而且学校绝大多数民主监督也只是在学校规章制度层面，师生参与的监督一般都是监督事情发生的结果，对过程一般很难以监督。尽管公办高职院校出台了校务公开等政策，但存在公开内容相对简单，公开方式较为随意的现象。

(三) 监督体制不完善，缺乏合力

目前公办高职院校实行的管理体制，其行政权力与学术权力混合在一起，权力过度集中于少数人和少数部门，事实上造成了领导决策权力的不均衡，缺乏科学的分解制衡。权力分权的不合理和权力制衡的不科学是制约和监督失效的重要原因。根据我国高等教育的实际情况，学校的决策权、执行权和监督权应该由三个独立的职能机关来分别行使，相互制约，相互平衡。但目前实际情况往往是各高职院校系统中的决策权、执行权、监督权并没有真正做到彼此独立、各司其职、权责统一。高职院校内部管理体制不健全、自我监督机制的不完善，很容易出现权力运行制约和监督的错位，出现权力的"真空地带"。

目前，很多公办高职院校党内民主监督流于形式，没有系统性、强有力的制度法规将党内民主监督、民主党派监督、群众监督、舆论监督等多元化监督体制整合起来，各监督机构及部门各自为政，合力没有充分发挥出来。有些已经制定的制度过于简单，重实体，轻程序，可行性不够，现实操作性不强，相对来说紧急的救火性措施多于日常的预防性措施，甚至有些规章制度只是对上级有关规定"照葫芦画瓢"，具体措施也相对滞后，与广大师生对新时期高职院校权力运行监督的要求还有一定的距离。例如，当前的个人收入申报制度目前仅仅只是填报表格，没有核实其真实性，使这项制度成为了一项备案制度，没有起到预防监督的实效。

(四) 对"校风"监督力度不强

第一，对考勤纪律的监督有待加强。教职工考勤管理工作是学校规范管理的一项重要内容，是维护学校正常工作秩序、提高办事效率、严肃学校纪律、使教职工自觉遵守工作时间和工作纪律的基本手段。然而，当前各公办高职院校对教职工考勤管理的监督力度不够，使得考勤工作暴露出一些问题：(1) 考勤制度

流于形式。少数高职院校的考勤流于"口号式"管理，将制定的考勤制度放在网站上，或者挂在高墙上，没有执行的时间表，没有落实到具体的计划上，只是存在于形式上的考勤制度。（2）考勤执行尺度不一致。有的部门非常认真，严格执行考勤制度；有的部门则相对宽松，甚至弄虚作假，也极易引起部门与部门之间的矛盾。（3）缺少实质性的惩罚措施，在实际工作中，不少高职院校的教职工迟到早退现象屡见不鲜，然后很少有严厉的处罚，付出的代价也较低廉，甚至不需要其付出任何代价，使得一部分人很容易养成懒散的习惯，上班纪律松懈。长期放之任之，就会涣散人心斗志、助长歪风邪气。

第二，对工作纪律的监督有待加强。公办高职院校相对民办院校而言，工作效率相对较低，究其原因，主要是工作状态、工作投入不同。由于体制的原因，无法督促将"民办"的标准去要求公办高职院校的工作人员，但至少应该要加强工作时间内工作有效性的监督。（1）需要加强网络上的监管。对于各位教职工的办公电脑的上网记录，学校有技术手段可查询获取，在"坐班"时间段是否有炒股、看电影、玩游戏等做与工作无关的事情，学校相关部门可以"一清二楚"，对于违反者可以根据严重程度予以提醒、警告、通报等措施，督促相关人员在工作时间认真履职工作，杜绝"坐班"期间"混时间"的现象。（2）加强工作效率的监督。当前存在少数行政坐班人员"一天的活故意分成两天干"的现象，工作上"慢慢悠悠""拖拉成风"，看似工作，实则在消极应付。对此现象，学校有必要将各分配任务事项明确完成时间，以此来倒逼工作效率的加速，以此来改善工作作风、严肃工作纪律。

第三，对会议纪律的监督有待加强。作者调查走访了几所公办高职学院，发现会议纪律较为松弛，存在迟到、早退、缺会的情况，会场内说话、玩手机、睡觉现象较为普遍，严重影响会议质量和会议效果，务必大力整顿，加强监督。（1）要严格按照要求参会，各部门、各单位要严格按照会议通知要求派员参加会议，通知主要负责同志参加的，不得擅自派其他负责同志参会；主要负责同志因故不能参加的，要严格执行请假制度，经相关领导同意后可委派其他负责同志参会。参会人员须提前进入会场，自觉对应入座。（2）要严格遵守会议时间，参会人员要按照会议通知的时间、地点准时参会，自觉签到，不得代签，不能以临时有事为由或交通堵塞等借口迟到。会议期间，无故不得中途离场或早退，确需提前离会的，必须事先向会议主持人报告并取得同意。（3）严格遵守会场纪律，会议期间参会人员须关闭手机或设置为静音状态，不得在会场内随意走动、接打电话、把玩手机、交头接耳、打瞌睡、看报刊杂志或者从事与会议无关的活动，自觉维护会场秩序。对无故缺席、迟到、早退或严重违反会议纪律的，学校纪委、督查室予以通报，形成有效威慑力。学年末，学校纪委、督查室、组织部要将违反会风会纪情况进行汇总，并纳入各部门和个人年度考核之中。

第三节 缺少危机意识、缺乏拼劲

公办高职院校的工作岗位相对稳定，福利待遇也有一定保障，很大一部分教职工之所以安于这份工作，最为注重的是其"稳定"与"安逸"。时间久了，就很容易缺少危机意识，缺乏拼劲与干劲。

一、教工管理较为宽松

（一）上班时间较为自由

第一，行政人员尽管实行"坐班制"，工作时间依然具有一定弹性。当前，公办高职院校对于行政人员的管理是实行固定的作息时间，甚至还要求上下班"指纹打卡"。然而，在实际管理中确实是存在一定的灵活度，大家真有事中途临时离开一会儿或外出办点私事，一般会小范围"内部解决"，也不至于到"请假扣工资"的地步。

第二，任课教师一般无坐班要求，更为自由。目前，公办高职院校对普通任课教师的管理更为宽松，如果没有兼任行政工作或班主任工作，基本处于"有课则来，无课即走"的状态，除周三下午固定的教研活动时间或党员活动时间外，以及各类会议时间除外，任课教师在无课的情况下基本处于"自由"状态，是钻研教学、充分备课，还是潜心科研、攻坚克难，抑或是兼课兼职、多项创收，这完全取决于任课教师个人选举与自觉行为。当然，任课教师的工作时间过于自由，也不可避免地带来一些问题，例如少数教师工作责任心欠缺、工作积极性不高、工作创造性不够等。由于任课教师工作时间难以得到应有的保障，教师与学生之间也难以实现有效的交流，距离感也会随之增大。教师如果没有深入学生，没有更多地融入学生、了解学生，脱离了学生基础，其育人实效也自然会"大打折扣"。

（二）工作任务相对轻松

相对于民办职业院校而言，公办高职院校的运行体系更为完善，岗位设置与人员配备也更加充足，因此各岗位的工作任务也会轻松很多。

第一，对于行政岗位而言，其工作任务、工作内容有其特点，忙只是阶段性的，可能是一段时间比较忙，而一段时间又比较清闲，很多人选择忙的时候"叫苦"，却在清闲的时候选择了"沉默"。况且忙的时候，也不会是个别人员的"单打独斗"，也会有部门相关人员的配合，共同协助完成。对于一般的行政岗位，并没有太多的难度系数，有的只是愿意付出多少的辛苦指数。其实，衡量其工作任务的轻松与否，通过一个现象的观察便一目了然，那就是大家是否普遍按点下班？是否普遍主动留下义务加班？反观民办职业院校行政人员的工作时间、工作强度，差别是非常明显的。

第二，对于教学岗位而言，公办高职院校任课教师的"门槛"相比民办职业院校的师资要求高出许多，教师自身的专业素质与专业技能较强，加上公办院校的培训体系相对完善，对于教师成长而言有更好的基础与平台，教学过程应该更为得心应手、轻松自如。差别尤其明显的是民办职业院校的教学岗教师主要靠课时吃饭，课时工作量是影响其收入的重要因素，使得众多民办教师是满负荷课时运转，而公办高职院校的教学岗教师满足基本课时量即可，众多教师是宁愿少上课、少拿点课时费，也不愿多上课，教学工作量明显比民办职业院校减轻很多。

第三，对于学工管理人员而言，他们所面临的学生群体的"生源质量"要略好一些。尽管当前高考录取率逐年有所提升，高职院校的生源质量令人担忧，然而公办高职院校的学生毕竟是通过高考的筛选，相对民办职业院校的生源而言还是具有一定"优越性"，学生的行为习惯、学习的积极性与主动性也要相对好一些，学工线的各位老师的管理难度也自然就相对小了很多，尤其是公办高职院校学工线老师在学生干部中的威信与地位更是民办职业院校无法比拟的，有了一群得力的学生干部队伍，学生管理工作也有了抓手，工作开展也就顺畅和轻松很多。

（三）考核标准有待完善

第一，考核标准不够明确、清晰。当前公办高职院校的考核体系较为健全，然而各类的考核在一定程度上还过于形式化，存在"走过场"的现象。考核的标准在哪里？在实际执行过程中，往往是"依文件办事"，而"文件"只是具有指导性意义，并非完全细化、量化到具体操作的步骤，那么势必也会造成各部门对"文件"的解读与执行过程存在一定的差异，也会导致考核结果的"公信力"降低。因此，各系列人员的考核标准必须要科学、明确、清晰，并切实可行，能够经得起实践操作的检验。

第二，考核标准与岗位职责、工作目标未有机结合。公办高职院校的考核一般是按照不同的岗位系列制定不同的考核标准，但是同一系列中不同的岗位有着不同的岗位职责，学期初或学年初都制定有相应的工作目标与工作计划，其岗位职责是否落实到位，预期工作目标是否按时完成本应该是考核的重点，然而现实执行考核过程中存在脱节的现象，考核的标准被"抽象化"，使得岗位职责与工作目标失去了既定的约束力。

第三，考核标准与职称等级未有机结合。尽管当前公办高职院校的职称制度倡导实行"评""聘"分离，但实际操作中只"评"不"聘"，"高评低聘"的现象还非常少见，甚至部分院校还不存在此类现象，众多院校的"职称评审"还是"一劳永逸"，即"评上了就会聘用"，聘上了似乎就高枕无忧，其主要原因是对于聘期考核还未动真格的，考核的标准与职称等级未有机结合。例如，教学岗正高、副高、中级职称在课时量、科研任务、育人工作量上应该制定不同等级的考核标准，不同职称等级的教师在享受着不同等级的津贴待遇，根据权利与义务对等原则，不同职称等级的教师就应该有相应的贡献值，并将实际完成情况纳入考核内容。

第四，考核标准的"倒逼"机制还未建立。考核标准与考核要求不仅仅是用作考核过程，更应该对工作的开展起到"导向"作用，要用考核的标准"倒逼"大家依此要求去优质地完成既定工作目标，考核不是目的，考核只是手段之一，最终的目的是用考核的方式约束与引导大家进入良好的工作状态，做出优秀的工作业绩，为学校的建设与发展贡献应有的力量。当前，公办高职院校的考核标准的"倒逼"机制尚未建立，究其原因，主要是考核结果还未形成有效威慑力，大家缺少危机感。

二、"淘汰机制"尚未建立

(一) 考评结果的功效还未充分发挥

尽管各公办职业院校都有出台相应的岗位考核制度，考核结果大体上可分为：优秀、良好、合格、不合格四个等级，对于"优秀"的比例一般有所规定，然而对于"不合格"的比例是没有硬性比例指标的，这恰巧是制度本身的"缺陷"和"漏洞"所在。事实上，公办高职院校的教职工的考核合格率是否真的可以达到百分之百，是否确定没有工作考核不合格人员，这恐怕要打上一个问号。造成这种现象的原因主要是考评制度本身的不完善，考评过程的真实性与客观性不够。

当前的考评制度，对于优秀者的激励功效是有鲜明的体现。考评结果"优秀"，在绩效奖金、课时费等方面会有所倾斜，这也是对教师辛苦付出与工作成绩的肯定；在职称晋升、职务升迁、岗位调整等方面都是"加分项"，可以"锦上添花"，甚至是"必备条件"，让"能干事""想干事""会干事"的教师有机会脱颖而出，在个人的发展上寻求突破。

当前的考评制度，对于"后进者"的鞭策与促进作用并不明显，考评结果的导向性功效也没有彻底发挥出来，没有真正让"不合格者"感受到危机，也没有让"不合格者"付出任何惩罚性的代价，甚至还会滋生出一种"慵懒心态"，不少教职工给自己定位是"过得去就行""熬到退休即是胜利"。这样的心态是难以改进工作作风、提升工作成效的。

（二）教师队伍的退出机制还未建立。

为了优化师资结构，不少高校希望淘汰不符合本校"要求"的教师，以腾出更多的教师岗位来吸引合适人才。教师退出被越来越多的高校视为优化教师队伍的重要手段。国家也鼓励高校完善高校教师退出机制，如 2010 年中共中央、国务院印发的《国家中长期教育改革和发展纲要（2010~2020 年）》就提出，要"加强教师管理、完善教师退出机制"。然而，现实是已有的高校教师退出机制的运行并不顺畅，高校想要其退出的多数教师并不愿离开学校，而且学校也难以辞退一个"不胜任"工作或不符合"要求"的教师。

高校教师聘任制度是高校与教师以契约的方式建立的一种聘用关系，教师解聘、辞聘是高校教师聘任制度的重要组成部分。因此，我国不少高校出台的教师聘任制改革方案，虽各有特色，但都尝试建立高校教师退出机制。一般规定，未能如期晋升及任期考核不合格的高校教师，需要离开教师岗位，甚至离开学校。1993 年，清华大学进行人事制度改革，提出"非升即走"的方案，这是国内高校实施"教师退出"的最早尝试。2003 年之后，我国部分高水平大学，多借鉴国外一流大学优秀人才选留机制，实行"非升即走"和"非升即转"的流转退出政策。前者是教师需要离开高校，而后者则是教师离开教师岗位。近年来，更是普遍设立了一定意义上的"准入期"制度，即将教师职务分为"有固定期限聘任"和"无固定期限聘任"两种，一般将助教、讲师职务界定为有固定期限聘任职务，实行"有限次晋升"，而将副教授、教授职务设定为无固定期限聘任职务。任期考核则是面向所有老师，一般是将年度考核和聘期考核相结合。年度考核主要是考核教师是否完成本岗位规定的年度工作任务。聘期考核一般规定每三年为一个聘期。对于考核不合格的教师，其处理方式也包括解聘。

尽管目前高校教师退出机制已从少数高水平大学逐渐开始向一般高校推进，并有在全国高校中普遍实施的趋势，然而对于公办的高职院校而言还并未实施。从当前现有大学已经实施的情况来看，也出现一些现实困境：聘用合同的法律属性不清导致高校教师退出的纠纷不断；高校间教师流动不畅导致教师退出后的出路不畅；社会保障体系的缺失是高校教师队伍退出机制实施的体制性障碍；考核评价机制的不完善导致教师退出的依据不足等。对此，高职院校从开始创建教师队伍的退出机制到真正的顺畅执行还有一个较为漫长的过程，但必定会是大势所趋。

以学校为单位探索建立教师队伍退出机制是当前趋势之一，以学科、专业建设教师队伍的退出机制也将会是新趋向。2018 年 4 月《教育部关于印发〈新时代高校思想政治理论课教学工作基本要求〉的通知》（教社科〔2018〕2 号）中明确指出"可基于评价结果探索建立思想政治理论课教师课堂教学退出机制"，思政理论课教师队伍的退出机制已提上议程。

（三）干部岗位的退出机制还不完善

党中央《2010~2020年深化干部人事制度改革规划纲要》提出，要建立干部能上能下、能进能出、有效激励、严格监督、竞争择优、充满活力的用人机制这一基本原则。同时，还明确，要实行党政领导干部职务任期制，并抓紧制定干部的任期和退出的相应法规。在认真贯彻执行《中国共产党章程》和有关法律规定的基础上，不断完善干部的任期和退出机制，认真实行领导干部任职试用制度。即试用期满，经考核胜任者正式予以任职，考核不胜任者解除所试用的职务。实行领导干部辞职制度。制定相应的实施细则，建立和完善领导干部自愿辞职、责令辞职、引咎辞职等相关规定。严格和完善领导干部退（离）休制度。完善对退（离）休干部政治、经济待遇的保障和管理的措施。完善和规范调整不称职、不胜任现职干部的制度和办法。并严格制定和细化有关标准和程序，加大调整不称职、不胜任现职干部的力度。通过下大力气研究和制定干部任期和退出的相关政策和制度，努力拓宽干部选任渠道，真正做到人尽其才、科学管理、有效监督。这些规定，为高校建立健全中层领导干部任期和退出机制提供了制度依据和政策保障。

党中央《党政领导干部选拔任用工作条例》等文件，对领导干部免去现职、离退休制、职务任期、辞职制度、调整不称职、不胜任现职干部的制度都提出了明确的要求，并提出了相应的办法。高校可以根据自身特点，进一步明确干部"下"的标准，规范"下"的情形。高校在结合高等教育实际，对干部的任期和退出，要做到明确标准、制度先行，明确干部任期和退出的办法和措施，具体包括：严格退休制，到龄的干部顺利退出领导岗位；明确任期制度，让任职时间到限的干部退出现领导岗位；落实审计制，让不廉洁的干部退出领导岗位；推行评议制，让群众不满意、民主测评不合格超过三分之一的干部退出领导岗位；完善考核制，让与岗不相适，经组织考核认定为不称职的干部退出领导岗位；建立问责制，让不作为、乱作为的干部退出领导岗位。此外，还应当细化领导干部自愿辞职、责令辞职、引咎辞职等制度。细化退出的有关标准和程序，加大调整不称职、不胜任现职干部的力度。对不称职或不胜任现职的干部，除按规定予以免职或降职外，还可以实行待岗制、改任非领导职务、分流学习培训等多种方法予以调整安置。

建立和完善高校中层干部的任期制和退出机制是一个系统工程，在良好舆论和制度先行的基础上，应该用系统论的观点考虑和分析干部的任期和退出问题。在选拔干部时，应该统筹考虑干部的年龄、学历、职称和知识结构，完善退出的渠道、形成退出的惯例，统筹考虑干部的任期与退出问题。近年来，公办高职院校依据《党政领导干部选拔任用工作条例》和干部公开选拔、竞争上岗、职期限等文件规定，结合高等职业教育特点，大力选拔高学历、高职称、有留学经历的专业人才充实到党政管理干部队伍中来，使高校干部队伍的结构得到明显优化。高校的干部，特别是"双肩挑"干部，普遍有着较高的学历和职称。

观念是行动的先导，思想观念的转变是健全完善高校干部退出机制的基础。然而，在我国传统观念中，比较盛行"上荣下辱""官贵民轻"等"官本位"思想，这样容易导致一些干部把职位、权力看得很重，一些干部滋生了职务终身制的观念。他们认为，只要担任某一领导职位，即使无法晋升，也可以在该职位等退休，甚至认为干部未到退休年龄或没有重大问题的"下"和"出"无异于犯错误。一般观念会认为，"这个人肯定是有问题才下来"，来自家庭、学校、社会等方面的压力很大，这给那些即使愿意退出的干部增加了无形的外在压力和心理负担。再加上文件、领导讲话中经常强调"能者上、平者让、庸者下"或"优胜劣汰、选贤任能"等，这些也加剧了这种"上荣下辱"的社会心态。在这样的思想氛围中，不少干部也感到如果被"下"或"出"是很没有面子、声誉扫地的事情，因而不论自己是否适合岗位，也要千方百计保住位子，这些思想阻碍了公办高职院校领导干部正常退出文化的形成和退出机制的建立。

当前，公办高职院校的领导干部退出机制还不完善，绝大多数领导还处于"保险箱"中，尽管岗位有任期，但是级别上去了就很难下来，哪怕换岗、轮职，其级别也是维持不变甚至还可能略有上升，排除年龄到期、健康状况、工作过错等原因，级别下降的情况还非常少见。从某种程度上而言，这也让部分高职院校的领导缺少危机、缺乏拼劲。

三、"事不关己"心态普遍存在

（一）招生与己无关

随着适龄生源人口减少以及出国留学人数增加等因素，近年来高考报名人数呈下降趋势，高校的生源明显减少。然而，高校的数量却在逐年增加，每年都会有新审批筹建的高校加入到招生大军中来，使得各高校的招生大战愈演愈烈。作为公办高校生源末端的高职院校，其招生形势不容乐观，招生空间正被逐步挤压，招生压力也在逐步增大。

生源是学校赖以生存的根本，没有学生自然就没有老师、甚至没有学校存在的必要。因此，当前公办高职院校的招生工作事关全体教职工的"饭碗"，事关学校大家庭的生存危机，与每位教职工的利益息息相关。

然而，身处公办体制下的教职工，不少人依然躺在"铁饭碗"的梦中，认为反正工作不会丢，也不会"失业"，招生好不好和自己无关；也有人认为招生是学校招生部门的事情，与其他教职工没有关系！在当前高职院校严峻的招生形势下，招生绝不是哪个人的事，也不是哪个部门的事，而是大家的事，是全校教职工共同的大事。

（二）学科和专业建设与己无关

学科与专业建设是高职院校内涵式建设的核心，是提高学校教学、科研水平及社会服务能力的重要基础，是承载培养高技能人才、创造高水平科研成果、提供高水平社会服务三大职能的基本平台。然而一部分教师认为学科建设是学科带头人的任务，是专业主任所应该思考的问题，与普通教师无关，这是典型的缺少团队合作精神，或是"慵懒主义"的表现。学科与专业建设同样关乎个人的发展，完善而卓越的学科体系为教师个人提升提供了良好的平台，特色鲜明的专业优势为教师带来了无形的社会声誉。教师与学科及专业建设不是无关，而是"荣辱与共"。

学科与专业建设同样关乎学校的招生。以往考试在填报志愿时往往会纠结是重点考虑喜欢的学校，还是重点考虑喜欢的专业，随着各地高考改革方案的出台，专业选择已变得更为重要。以浙江省为例，2017年浙江出台的高考录取方案中，普通类招生平行录取由原来的按学校投档录取，改为按专业来投档录取，每位考生最多可以填报80个志愿。这就意味着特色与优势专业更能吸引考生的目光，招生的生源会有很好的保障，反之，专业在业内没有特色、没有优势就可能会"无人问津"，出现招生计划"招不到"或"招不满"的现象，面临的结果将会是根据开学报到情况进行"并班"或"转专业"，各高职院校的学科与专业设置在招生激烈的竞争中，也同样面临着优胜劣汰。如果专业都没有了，那么专业教师的出路又在何方，这是摆在"与己无关"教师面前的一大现实问题！

（三）学校发展与己无关

当前，各公办高职院校随着办学规模的逐步扩大，教职工的人数也增长迅速，教职工人数在500人以上的高职院校已是非常普遍，一部分教职工身处其中，并非是高职院校的"吸引"，而是在于"公办"的"安稳"与"红利"，习惯了"公办"的"庇护"，正在逐步失去斗志与进取之心，甚至认为学校的发展也与己无关，只要"大树底下好乘凉"就行了。归根到底，这种"漠不关心"的表现主要是缺乏危机意识所致。

要跳出学校的范围，从社会的视角去客观看待学校的发展。作为高等教育重要组成部分的高职教育改革正在拉开帷幕，作为事业单位改革重要内容的公办高职院校的各项改革也酝酿已久并在试点推进。"公办"不是保险箱，也不应该是

"享受之地"，高职院校的发展并不是加上"公办"就可高枕无忧，公办高职院校的成绩、荣誉、社会地位等都是依靠全体教职工奋斗而来，教职工们的幸福感、成就感也是靠奋斗出来的。

教职员工对学校不能一味强调"索取"，"索取"更不是成为"理所当然"，在想要获取之前应该要先问问自己究竟为学校贡献了什么。在民办院校有一种观点是"有作为才有地位"，同样适用于公办高职院校。学校是"大家庭"，需要全体教职工共同用心经营，需要各位教职员工有所作为，每个人多付出一点、多贡献一点，学校就会更美好一点。因此，认为"学校发展与己无关"的思想是时候该改改了。

第四节　引才不易，人才流失

公办高职院校要引进合适人才并非易事，需要的高层次人才难以吸引而来，自身辛苦培养的骨干型人才又容易"另谋高就"，这是其人才工作遭遇的"尴尬"现状。

一、人才引进遭遇困境

（一）人才引进政策缺乏"高职特色"

在"人才兴校"的背景下，各高职院校在"招兵买马"，开启"抢人大战"。然而高职院校对于自身发展需要引进何类人才，其观念模糊不清，人才定位不准，缺乏战略眼光和科学合理的规划。高职院校人才引进工作必须结合高职院校特点，切不可盲目模仿普通高校，但在实际执行过程中大多数高职院校对高层次人才引进设置的条件与普通高校趋于类似，"面向双一流高校""本、硕、博专业相同或相近"等条件已成为常态，俨然没有对学校的师资结构、师资配备的短板等进行统一的人力资源发展规划与评估，没有根据学校未来的发展方向量身定制其人才引进政策，忽视了校情及"高职特色"的重要性。

例如，各高职院校普遍缺乏动手能力强的高技能人才，但由于高职院校为事业单位，而一些实践经验丰富、专业技能强的高技能人才多数为企业工作人员，很难满足现有招聘条件，也难以符合入编条件，无法解决其事业编制，使得学校很难从企业或社会选用到高职院校急需的动手能力强、实践经验丰富的高技能专业人才。

（二）人才引进计划缺乏系统性与前瞻性

部分高职院校为迎合示范校建设、教学评估的要求，在高层次人才引进过程中往往急功近利，没有将学校发展、专业建设、师资队伍建设要求考虑在内，导致学校将一些不是学校学科发展所急需的高层次人才引进来，造成人才的浪费，也不利于学校的长远发展。

高层次人才引进是师资队伍建设的重要组成部分，要把高层次人才引进计划纳入学校长远发展规划、师资队伍建设发展规划中，并进行年度任务的分解，责任落实到人。高层次人才引进规划要依据学校专业建设等情况每年进行适当的调整与完善，确保师资队伍的需求与学校未来发展相匹配。各高职院校都有各自长远的发展规划、师资队伍建设发展规划，但涉及的内容多是师资应达到的数量，很少有学校涉及人才引进规划的内容，通常采用的都是由各二级学院（系）直接上报计划，经过简单的汇总就形成了这些高职院校人才引进计划，对人才引进缺乏统筹考虑。

（三）人才引进目标缺乏质与量的统一

在高层次人才引进时，多数高职院校只关注能引进的人才数量，且在设置标准条件时过于注重高职称、高学历的要求，忽视工作经历、专业技能、爱岗敬业、职业技能、师德师风、沟通表达能力、服务意识等需要深入考察走访才能了解的信息。同时，由于缺乏对高层次人才未来发展潜力、职业道德情操及其他相关能力的全面评价，以至于发现引进的一些"高层次人才"虽然"符合"标准，但引进后没能发挥所期望的作用，而相关待遇已经落实，造成了人才专项资金的使用效益不高。这对学校及高层次人才的未来发展造成一定影响，这种盲目的引入导致了人才使用上的浪费，也给高职院校的人才队伍管理工作带来了不少困难。

（四）未建立科学的人才管理与考核制度

多数高职院校意识到高层次人才引进对学校知名度及未来发展的重要性，愿意花费较多精力在人才引进工作上，但是对于学科平台、学术团队建设以及与人才个人成长发展之间缺少统筹管理。一方面是对引进人才的后期培养和使用不够重视，造成一些人才未能在合适的岗位上发挥其最大的作用，且忽视对引进人才和学校现有人才的引导和培养，过于注重短期效应，发挥不了现有人才和引进人才的最大优势，造成了人才浪费。另一方面，高层次人才被引进后，忽视后期管理考核这一重要环节，多数高职院校没有建立合理有效的管理及考核机制，有的高职院校还像考核评价普通教师一样考评高层次人才。这种不完善、不科学的考核制度不利于调动高层次人才的工作积极性，不能充分发挥人才优势，使得部分高层次人才入职后安于现状，不求进取，人才无法发挥其特长，甚至被闲置或只是简单地完成基础科研或教学工作，使高职院校所付出的招聘成本与获得的收益不成正比，难以达到人才引进的预期效果，人才引进工作也难以持续。

二、人才流动较为频繁

高职院校要想实现可持续发展，就必须要想尽一切办法吸引和留住优秀人才，全面提升师资队伍整体素质。但是，纵观我国当前高职院校师资队伍的发展现状，每年都有大量优秀教师向发达区域、向公办本科院校流动，也有向更为优质的高职院校流动，甚至向民办院校流动，各公办高职院校人才流失现象非常严重，很多人才都在高职院校中待不长久，这与高职院校自身发展特征和社会外部环境等因素都密不可分。

（一）社会大环境的变化影响

第一，激烈的人才资源竞争。在信息化时代与知识经济的大背景下，人才的重要性体现得淋漓尽致，人才是当今社会向前发展的最重要的源动力。因此，不管是在什么地区、什么领域都对人才需求非常之大，人才资源的争夺战越来越烈，不少城市也推出了"人才新政"，高职院校中的优秀人才受到激烈的人才资源竞争的影响，有了更多、更好的选择。

第二，社会对高职院校的评价影响到人才的发展。目前，在我国范围内，社会大众对于高职院校的认知还存在着比较片面的倾向。一部分人认为高职院校的教育水平较为低下，学生基础较差，管理也较为松散，难以培养出高质量的专业人才。社会大众的评价可能会动摇到优秀人才的想法，致使他们也会逐渐开始思考与规划职业方向，是不是自己可以出去看一看，多选择一下，寻找一些社会认可度比较高的单位。

第三，国家对高职院校的重视力度不够。高职院校处在高等院校的底端，高招录取批次排在靠后，社会认可度相对较低。高职院校与一般的普通大学相比较，不仅在教师资源上面存在着很大的差距，国家对高职院校的投入也远远低于普通本科高校，这就在很大程度上限制了高职院校的持续发展。在高职院校中工作的教师也会出于教学科研环境以及职业发展前景的考虑，从而选择离开高职院校，另谋高就。

第四，高职院校成为优秀人才的跳板。高职院校一般都以专业性教学为主，所以对专业教师的业务技能和综合素养都有着非常高的要求，其不但要求教师具备足够扎实的理论知识，还要求教师要具备丰富的实践经验，甚至有着行业、企业挂职锻炼、合作研发的实践经历。然而，具有如此高素质与能力的教师却又很难长时间待在高职院校中，他们更多的是将高职院校作为跳板，当自己的能力提升到一定的水平之后，就会选择更加宽广的发展平台。

(二) 高职院校人才管理制度不够科学合理

第一，高职院校教师的薪酬标准相对较低。与普通的本科院校相比较，高职院校给教师所提供的薪资水平要更低一些，甚至比部分民办院校待遇还要低，而且具体的激励机制也存在着各种各样的漏洞与弊端，培养与提升机制也不够健全。因此，导致很多教师由于其难以满足自己的期待价值而选择离开高职院校，寻找能够提供更高薪资待遇的单位。

第二，缺少人力资源专业人士负责人事管理工作。深入调查我国当前各类高职院校，不难发现当前很多的高职院校行政管理人员的编制较为复杂，管理岗位人员的职称结构、专业背景也存在着非常大差异，尤其缺少专业的人力资源岗位，没有专业人员负责管理工作，人才诉求难以得到尊重与满足。

第三，机械化管理，感情因素缺失。目前，我国很多的高职院校为了留住优秀人才，不惜提出非常好的物质待遇，但是，却并没有认识到真正留住人才的决定性因素并非完全是靠高工资和丰厚的物质待遇，而应该是学校能够为人才提供什么样的工作环境和多大的事业发展空间，让他们的价值能够在学校中得到体现。换而言之，高职院校在吸引、稳定以及激励人才方面严重忽视了感情因素与精神因素。

第四，现有人才引进政策所带来的新的待遇失衡与不公。当前，很多高职院校对新引进的人才提供安家费、住房、高工资等一系列优厚待遇，而校内多年的骨干教师和学科带头人只能拿到既定的工资与津贴，这就导致了新的待遇失衡和不公，在很大程度上挫伤了现有人才的工作积极性。为了能找到心理平衡，校内的这些人才也会被其他院校所引进，从而导致学校人才的流失。

(三) 人才自身的因素

第一，教师需要更多的发展机会与空间。伴随着经济的飞速发展，在高职院校从事教育教学工作的教师们对自身的要求也随之提高，他们已经意识到要想在社会上立足就必须要不断学习和了解更新的知识和信息，要想尽一切办法提升自己的综合素质，因此，他们会更加迫切地希望学校能够为他们提供更多的学习和提升机会，希望学校能够让想干事的人有机会，能干事的人有平台，干成事的人有地位，如果高职院校满足不了他们这些要求，他们就会出于自身发展的考虑，而选择离开。

第二，个人家庭原因。在促进高职院校人才流失现象的背后，家庭因素的影响也极为重要。在一些高职院校中，部分教师处于两地分居的状态，尤其是从外地引进的有工作经验的教师，高职院校目前还没有实力解决教师家庭的后顾之忧，所以，这些教师出于家庭的考虑而最终选择离开。

第三，生活成本过高。在近些年的发展过程中，我国居民的生活消费成本越来越高，而我国高职院校教师的工资水平较低，尤其是青年教师的收入状况更极为有限，很多教师迫于生活的压力，而选择进入到一些高工资的行业或者领域就职，也有一部分教师选择自主创业。

为此，高职院校教师往往把读博进修、职称晋升当做更换工作的"跳板"，通过提升自我积累资本而站上更广阔的平台，从而拥有更大的选择空间，一旦有更好的单位抛来橄榄枝，提供更优越的工作条件和丰厚的工资待遇，就有可能顺势离开。

为缓解学校的"人才流失"现象，学校首要要避免、纠正三种不合理的用人倾向：第一种是日常工作中，优秀人才得不到应有的重视。如果个人对单位贡献较大，但无法在绩效、荣誉上体现，就会导致正向激励缺失，加速人才的流动。第二种是日常爱留不留，发现人才要求调离后才"追悔莫及"，又极尽可能阻止人才自由流动，尤其以"惜才"之名阻止人才的自由流动。第三种就是用人"情感管理"的缺失。如果学校对每一位表现优秀的教职工都能表达那种"不可或缺"的需求感，恰恰可以激发其归属感，让其全心全意工作。毕竟，没有人希望被忽视而"悄无声息"地存在，优秀人才更是如此。

第五章 民办职业院校发展经验对公办高职院校的启示

公办高职院校的发展有必要从民办职业院校的"发展经验"中吸取营养。从当前教育发展背景来看,优化公办高职院校办学环境,进一步"简政放权",给予学校充分的办学自主权势在必行。《国家中长期教育改革和发展纲要》明确指出:"健全统筹有力、权责明确的教育管理体制。以转变政府职能和简政放权为重点,深化教育管理体制改革,提高公共教育服务水平。明确各级政府责任,规范学校办学行为,促进管办评分离,形成政事分开、权责明确、统筹协调、规范有序的教育管理体制。"教育主管部门要着力优化学校发展环境,深化教育管理体制改革,主动放权,尊重学校的办学主体地位,给予学校充分的办学自主权,让学校管理从文山会海之中解脱出了,从繁重的行政检查压力中解放出来,将有限的精力用在重要的教育工作上,从而全身心地投入学校发展,凝心聚力谋划教育教学质量的提升。

第一节 注重顶层设计,加强体制改革,轻装上阵

一、推进公办高职院校"去行政化"

公办高职院校已陷入行政化的"误区",高职院校行政化成为饱受社会舆论诟病的一大痼疾,也是深入推进高等职业教育改革与发展的重要障碍。"去行政化"首先要倡导"教育家办学"。高职教育作为我国高等教育近些年来高速发展的一种教育类型,其"去行政化"改革就学校内部而言,应淡化官本位,发挥学术权力的作用,以教师、学生为中心,为教学和科研服务。

(一) 逐步取消学校实际存在的行政级别和行政化管理模式

改革高职院校的办学体制,首当其冲就是要消除行政化弊端,恢复高职院校自治性。去行政化先要取消其所谓"副厅级"的官帽,从根本上斩断行政权力泛化的根源,让权力本位退出教育领域,让权力不再干扰教育,让教育归还给教育家。

高职教育的主导性和主体性必须交由院校自身去掌控。政府要转变职能,把

精力更多地放到战略规划、政策引导以及各种间接调控手段上，放手让高职院校根据市场需要自主办学。

早在 2000 年 7 月，中组部、人事部出台《关于加快推进事业单位人事制度改革的意见》，就提出改变用管理党政机关工作人员的办法管理事业单位人员的做法，逐步取消事业单位的行政级别，不再按行政级别确定事业单位人员的待遇。2011 年中共中央、国务院出台了《关于分类推进事业单位改革的指导意见》，对事业单位的分类改革提出了指导性思想。

与之相对应的是，我国的民办职业院校没有行政级别，属于民办非企业性质，其高效的管理模式、灵活的运行机制，已充分显现了生机盎然的发展前景。要激发公办职业院校的办学活力，"去行政化"已成为公办高职院校改革的必然趋势。

(二) 精减管理机构，提升管理效能

高职院校的运转需要一个精简高效的行政管理系统来进行强有力的支撑。高职院校机构设置没必要参照行政管理部门，更没有必要与上级教育行政管理部门逐一对应，而是应当依据办学的需要科学设置岗位，合并和精简机构，以提升办事实效为根本目标，建立服务承诺制、首问责任制、限时办结制，促进行政管理部门转变职能，从行政控制转变为为教师和学者服务。国外部分大学的中层机构就只有三个办事部门，即包揽行政工作的总务部、包揽学生管理的学生部和管理教学科研的学术委员会，其余附设机构也分别纳入这三个部门。国务院大部制改革对设立"决策、执行、监督"三权的肯定，对高校的体制改革必定会产生影响。武汉大学校长刘经南认为："高校同样需要进行大部制改革，需要压缩管理部门数量，减少管理成本，真正建立以学术为核心的内部管理体制。"

对公办高职院校的管理机构而言，并非"人多力量大""人多好办事"，反之，"人多凑热闹""人多不办事"的现象较为常见，立功受奖的事都愿意"往上凑""沾个边""露个脸"，困难棘手的事情却"玩踢皮球"、相互推诿的现象依然存在。

高职院校要以提升管理效能为目标倒逼现有管理体制改革。首先要从管理人员的思想转变入手，管理人员的管理职责需要通过服务手段来实现，从本质意义而言，管理者即是服务者，要强化管理者的服务意识。其次，管理机构职位不能成为安抚、留住特殊人员的变通手段，当前的高职学院大多由以前的中专发展、合并而来，随着学校层次的提升，部分以前管理人员可能会被排除现有管理层之外，但又必须有一个安置岗位，使得"因人设岗"的现象较为普遍，久而久之，机构越显臃肿庞大；第三，彻底打通非行政领导职务人员的发展通道，切实让权利在阳光下运行，在当前公办高职院校很多人员争抢"做领导"，甚至行政岗比

教学岗"吃香"，无非是权利的诱惑、待遇的增长、职称晋升的便利、占有资源的先机等。对于广大非领导职务的普通教职工，尽管没有行政职务的"庇护"，同样可以获取待遇的大幅度提高，同样可以使职称顺利获得晋升，同样可以公平公正地享有科研条件与资源，那么行政职务自然失去原有的"吸引力"，管理机构就真正回归了岗位职责的本质意义所在。

高职院校理应是一块教育净土，也是谋学术之地，广大教师员工要将精力集中在提升个人综合素养与业务水平上，着力于更好地为学生提供教学与管理服务，着力于更好地为学校发展建言献策、贡献一份力量，这才是高职院校所应有的正常、健康的校园生态。

（三）深入推行行政管理岗位聘任制管理。

目前在事业单位分类改革的背景下，公办高职院校也在推行聘任制管理，其行政管理岗一般为三年一个聘用周期，尽管在聘期内会有一系列的考核，然而考核更多的还只是流于形式，"只要不犯大的错误"，行政职务基本会保留，就算交流到其他部门任职，其行政级别、行政待遇不会减少。这就使得部分行政管理人员逐步丧失开拓创新精神，他们甚至会认为"做得多、错得多""多干不如少干、少干不如不干好""不求有功、只有无过"，只求在碌碌无为中明哲保身。

当前，公办高职院校行政管理人员"论资排辈""只能上，不能下"的现象问题较为突出，只要解决了"行政级别"，拥有了行政职务，就可长久的"坐享其成"，有资历的人不退下去，岗位没有空缺，年轻人自然也就没有获得升迁的机会。尤其是对于"无功又无过"的行政管理人员，缺少淘汰机制，尽管考核有排名，也只是作为优秀者晋升、更上一台阶的参考因素，却没有作为"不作为"者撤职的处罚依据。公办高职院校对行政管理人员聘用制改革的当务之急就是要打通准入、晋升、退出通道，让岗位职业化，让"能干事、想干事"的人有机会"多干事"，以此来更新公办高职院校行政管理"血液"，提升运行效能。

二、逐步解决历史遗留问题

在国家大力发展职业教育的背景下，高等职业教育获得长足发展，近些年公办高职院校的规模也在不断壮大，但是对于其发展进程中所产生的遗留问题依然不能忽视，要逐步予以解决。当前，公办高职院校中存在的历史遗留问题主要有。

（一）部分高职院校存在所谓"派系之争"

现有的公办高职院校一般是由中专学校发展而来，尤其是由几所中专学校合并发展起来的"年轻"高职院校，还没有实现真正的融合，其内部人员管理较为困难，"派系现象"较为严重，原来单位或部门人员很容易自成一派，形成"小团体"，因为职务安排或某些利益冲突而暗地较量、引发矛盾，不利于各部门的团结协作，也不利于学校整体发展大局。

（二）部分高职院校存在"近亲繁殖"现象

"近亲繁殖"已是当前高校普遍存在的问题，也引发学界的关注与探讨。华中师范大学教育学院教授范先佐在接受《中国科学报》记者采访时表示，我国学术近亲繁殖的产生有它的历史原因，"我国以前学术近亲繁殖的现象是存在的，究其原因还是高层次人才的数量比较少，特别是一些欠发达地区，吸引人才更困难一些，留用自己的毕业生对学术研究队伍的稳定有好处。短时期来看对学术队伍的建设能够起到一定作用。""但是从长期来看，学术近亲繁殖使得各种思想、观点很难得到融汇和交流，因为学科的发展进步往往是在各种观点碰撞的前提下产生的。"

公办高职院校的"近亲繁殖"，主要不是学术层面的，毕竟高职院校在引人、用人上对高层次人才的需求并不如本科院校强烈，高职院校自身对高层次人才的吸引力也不够，这里的"近亲繁殖"主要是指引人、用人、选人上存在照顾亲属或"关系户"，以及人才本土化倾向。与本科院校相比，高职院校的招聘条件、准入门槛相对较低，这也为高职院校的"近亲繁殖"提供了理论空间与操作余地。

（三）传统"人事代理"所带来的局限性

一方面，从学校层面来看，许多公办高职院校仍沿袭着传统人事管理的思维模式，推行人事代理制度仅仅局限在签订人事代理合同、人事档案交由当地人才交流中心托管等事务上，此类人员的引进、培训、考核、晋升等具体性事务仍由学校人事部门包办，"人事代理聘任制"从某种意义上来讲，仍是"铁饭碗"，人员难进难出，人才资源得不到合理的优化配置，缺乏应有的生机与活力；另一方面，传统的"人事代理聘任制"在实践中带来了"同工不同酬"现象，部分人事代理人员业务能力强、工作成绩突出，但因为各方面的限制就是无法迈过"编制"的门槛，和编内人员相比，他们做得多反而获得的少，这种不平衡也不利于整个师资队伍建设。

要逐步解决这些历史遗留问题，最关键的是要大力推进人事制度改革，主要把握好以下几个原则。

第一、坚持"五湖四海"原则。随着高职院校发展规模的扩大，急需引进大批新教师，大量"新鲜血液"的融入，也会让整个教职工队伍焕发新的生机与活力。要严把招聘准入门槛，根据学校岗位实际需求，面向社会公开招聘，面向"五湖四海"吸引人才，尤其要注重面向"双一流"高校选拔高层次人才，为高职院校的长远发展储备人才资源。在管理人员选拔、考察环节，也要注重坚持"五湖四海"原则，参照不唯资历、不唯地域、注重个人综合能力与岗位匹配度的"民办经验"，面向校内外公开选拔。如果校内广大教职工、行政管理人员都来自于"五湖四海"，其历史遗留的"派系"自然会冲淡并逐步消除，"人员本土化"的现象也不复存在，校园管理的民主化程度也会显著提高。

第二、坚持公开、规范、透明化原则。近些年来公办高职院校同其他事业单位一样，进人制度越来越规范、严格，"逢进必考"已成为惯例，哪怕是柔性引进的高学历、高职称、高层次人才也要进行相应的考核，对于基本条件不高的一线的辅导员岗位、教学岗位竞争尤为激烈，普通的硕士研究生要迈过这道门槛较为困难。正因为高职院校的准入门槛的提高，人们的关注度也在增强，在招聘环节更应该坚持公开、规范、透明化原则。当前，网络信息化高度发达，人们的维权途径更加开放，维权的意识也更为强烈。因此，在招聘各环节要经得起监督、经得起检验，各类信息需按要求公开、公示，为选人、用人提供和创造公开、公平、公正的环境，也让真正有能力胜任工作的人有机会脱颖而出，也让违规操作、"近亲繁殖"现象彻底失去了运作空间。

第三、坚持全员聘用制原则。随着当前事业单位人事制度改革的深入，公办高职院校已逐步向全员聘用制过渡，新引进人员一律采用"聘用备案制"，随着大量新教职员工的加入，以及原有人员的陆续离岗退休，"编制"终将作为历史不复存在，传统的"铁饭碗"将被彻底打破。同时，"人事代理"这个在一定时期发挥重大作用的用人制度也将成为过去式，高职院校的用工类型也将趋于更为合理、规范，其各岗位也将朝着职业化、专业化方向发展，整个教师队伍的结构也会不断优化，整体素质也会有实质性的提升。

三、推进公办高职院校后勤社会化

长期以来，由于受传统计划经济体制的影响，公办高职院校也成为依托国家财政拨款为主，自成体系的"小社会"，除了教学科研保障工作，全校师生的吃、住、行等生活保障服务都由学校后勤管理部门承办，按行政事业单位的方式管理。这种以行政手段为主，集中统一的计划管理体制和"学校办社会"的后勤模式，随着社会主义市场经济体制的建立和完善，我国高等职业技术教育的快速发展，其弊端就越来越明显。加上政府财力有限，学校后勤长期投入不足，社会资源又没有得到有效的利用，造成学校后勤服务支撑力度不强，长期供应不足，低水平运行。因此，学校后勤社会化改革势在必行。

高职院校对后勤社会化改革的终极目标是要将"后勤"这个包袱彻底丢给社会，从而使高职院校集中精力一心谋教学、谋科研。然而，从当前的实际情形来看，高职院校的后勤社会化改革还只能循序渐进地进行。

（一）严格控制后勤人员占比

当前，公办高职院校的经费主要依赖政府财政拨款，学校在紧张、有限的经费基础上再进行第二次分配。后勤部门作为服务部门，是为学校的教学科研提供保障性服务的，其人员占比要以实际需求为原则，严格控制岗位设置数量。对于后勤人员的岗位编制必须核查，切实依照实际工作需要而确定，对于"照顾岗位""人情岗位"要逐步撤销，切实减少后勤的财政供养人员，对于"水电工""木工""设备维护员"等后勤必不可少的技术工种要从社会上引进动手能力强、专业技术好、服务意识强的人员，按照社会用工方式，签订劳动合同，给予相应工资待遇，不占用其岗位编制，以"新人新办法、旧人旧办法"的方式实现"平稳过渡"，逐步推进后勤用工的社会化。

具体可参照"民办经验"，所有职工没有"旱涝保收"之说，按照市场化用工原则，按需用人，按劳取酬。按照分类推进的原则，可以将保洁人员、餐厅工作人员、宿管员、驾驶员、保安等采用社会化用工，彻底减轻学校的经济负担。一旦将这些岗位推向社会，一方面要出于人性化考虑，给予相对饱和工作量，以保障其稳定的工资收入，另一方面要彻底切断原有的"裙带"关系，其岗位职责需要进一步明确，切实改变工作态度、提升工作效率，从而使得学校对后勤人员的管理更为便捷、顺畅，促进后勤的服务性职能与保障性功效得以更好的提升。

（二）以学生最为关切的问题为突破口

当前高职学生对后勤"吐槽"最多的就是吃住问题，这是一个较为普遍的现象。高职学生已迎来"00后"时代，他们成长的环境较为优越，对吃住显得更为挑剔，他们对于吃住的感知很大程度上决定了对学校整体的满意度，而广大学生的满意度正是学校后勤改革的导向。

首先，说吃的方面，"食堂的饭菜难吃还很贵"已成为众多高职学生的口头语，一方面学校食堂抱怨物价上涨、成本增加、面临亏本，一方面是校外小店"人头涌动"、外卖队伍"络绎不绝"，各商家赚得盆满钵满，这不得不让人深思。尤其是部分高职院校食堂完全自主经营，既不对外承包窗口经营权，也不根据学生口味更新"品种花样"，使得食堂饭菜种类单一、缺乏吸引力，迫使学生加入"外卖大军"，学生到食堂的就餐率也逐步下降，食堂的经营陷入恶性循环。抛开国家对公办高职院校食堂的补贴不谈，就广大学生就餐的收益性而言，应该是"市场巨大""有利可图"的，如果没有丰厚收益，也自然就不存在很多校外商家争抢着承包学校的窗口或摊位了。

因此，要解决学校食堂经营管理出现的系列问题，要从两方面入手：一方面要强化健全对食堂的监管机制，增加食堂运行的透明度，例如日常的采购清单要公示，日常的营业额要透明化，建立起动态的成本核算制度，要依照"价格降下来、服务提上去"的总方向，要从源头上控制、减少成本开支，在服务端要保证学生就餐价格平稳、份量充足、微笑服务。另一方面，要引入市场化的竞争机制，用竞争去倒逼食堂内部改革。现在公办高职院校学生规模少则几千人、多则上万人，校园食堂一般至少两个以上，学校可尝试将部分食堂经营权转包给有资质的餐饮公司，或者将部分窗口经营权外包给有口碑的商家，签订协定、明确责任。这样既保证经营者一定的合理利润，又保障广大师生的就餐服务质量，同时减轻学校对食堂的投入性支出，正所谓"三赢"。

其次，说住的方面。当前条件好一点的高职院校已实现公寓式标准"四人间"，甚至有少量的"双人间"，住宿条件紧张一点的高职院校还存在"六人间"、甚至更多，以浙江省2017年公布的公办高校标准来看，"四人间为每学年1600元/生，六人间为每学年1200元/生，六人间以上为每学年800元/生"，这样的住宿收费是比较合理的，绝大多数就读学生家庭是能够承受的，只是学生们在住宿条件的硬件设施上特别关注，也特别在乎。例如，"寝室是否有独立卫生间""寝室是否有空调""寝室是否24小时热水"等。

由于高职办学历史相对不长，近些年新建的学生宿舍楼基本上都配备有独立卫生间，但部分高职院校依然存在少数旧式学生宿舍楼。现在绝大多数高职学生不会"图便宜"去选择没有独立卫生间的宿舍，而是宁愿提高住宿费标准也要选择独立卫生间这个"标配"，学校无法完全满足学生意愿，又不能让旧式学生宿舍空置的情况下，就只能要求申请贫困助学金入住，或动员学生干部入住，甚至强行安排，对此学生怨气较大。因此，学校必须"适应新形势"，在"核算成本"的基础上对旧式学生宿舍楼予以改造。

"寝室是否有空调"，这对于高职院校来说已不是问题，只要学校愿意出让一部分收益，各学生宿舍也可"免费"装上空调，但公办高职院校似乎不愿开放这个市场。据对浙江高职院校的调查显示，有的院校学生的空调使用费是每人每学年一百元，有的院校学生空调使用费是每学期一百元，以低标准计算，四人间宿舍每年的空调使用费是400，六人间宿舍每年空调使用费是600元，空调的使用寿命一般为8~10年，而集中大量采购空调的价格一般低于2500元/台，也就是说为学生宿舍安装空调是一个"包赚不亏的买卖"！

"寝室是否24小时热水"，也是很多高职学生尤其是女生及家长非常关注的，近些年高职院校纷纷引进了"热水系统"。在学校经费紧张的情况，后勤改革要学会"借力"，借助社会企业力量完善学生生活设置。例如，浙江金华某设备公司与浙江多所院校合作，为学生宿舍"免费"安装全天候热水系统，为生活区和教学区安装饮用水设备，为学生生活区安装洗衣设备，学生使用"校园一卡通"付费使用，企业承担所有设备的购买、安装、后期维护的费用，学生消费而产生的收益按照一定比例与学校"分成"。这样使得"学生满意、学校省心、企业获利"，这种模式也可在很多后勤设施改造中予以推广、利用。

为了让学生生活设施更完善，住得更舒心，各高职院校的后勤部门应该为学生多想些办法。例如，为学生宿舍免费配备饮水机（联系合作的商家提供），学生自愿购买桶装饮用水，学生有需要，饮用水公司为学生送水上门。后勤部门务必将学生的实际需求当做工作努力的方向，以切实提高学生满意度为后勤改革的目标。

（三）建立现代企业制度，实行后勤公司化运作

打破以往"学校负责投钱、后勤负责干活"的局面，改变以往"学校只有权力、后勤只有义务"的现象，通过公司化管理来激发后勤活力、盘活后勤资产、提升后勤服务。

首先，将后勤资源包括人员在内成建制地逐步从学校母体中分离出来，建立后勤服务总公司，将现有的后勤管理处中的"管理"职能更多的向"服务性"转变。新组建的后勤服务总公司首要是进行产权界定，属于学校国家资产部分，实行所有权与经营权相分离，学校向后勤服务公司适当收取相应费用，后勤服务公司有责任维护国有资产的保值、增值；属于国有学校对后勤服务公司注入的资产部分，则按二者拥有的资产数量和比例承担有限责任、分享收益。

其次，完善公司的领导体制和明确总公司、分公司负责人的职权范围，必须明确界定好公司享有的权利和应该承担的义务，必须让后勤职工真正发挥主人翁精神并维护他们参与学校后勤事务管理的合法权益。同时，必须建立起学校层面的董事会、监事会，董事会是学校财产的代表，负责对经济实体租赁和托管的资产进行监督检查，确保学校资产的完整，董事会对学校负责，对重大投资作出决策，董事长一般由分管后勤的校领导兼任；监事会由学生处、工会、计财处等部门代表参加，对后勤服务公司实施监督，监事长一般由党委副书记或纪检委书记兼任，后勤服务总公司通过工会举行教职工代表大会，选举职工代表担任董事和监事。

第三，学校对后勤部门只是宏观的管理，不直接干预其经营活动，后勤部门依法独立经营、自负盈亏。后勤服务公司建立起现代企业制度，有效地解决后勤进市场问题，理顺后勤和学校的关系，明确学校后勤以其财产独立经营、自负盈亏的法人化市场主体地位，从实质上扩大后勤自主权，增加经营灵活性，有效地调动后勤职工的积极性，从而搞活后勤内部机制，同时将现代企业制度中的科学管理制度引入学校后勤，严格按照现代企业模式运行，建立起后勤科学的管理制

度和管理模式，达到经营市场化、服务商品化、管理制度化、行为规范化。这样，就能更好地促进后勤生产力的发展，促进后勤实力不断壮大，为更好地满足办学需要打下良好的物质基础。

最后，要坚持好后勤服务公司发展的两重属性。高职院校后勤社会化改革，始终离不开经济属性和教育属性。只强调教育属性，缺少经济属性，后勤社会化改革缺乏物质基础，进程难以推进；只强调经济属性，缺少教育属性，违背了高校的基本特性，损害学校和学生利益，最终造成不稳定因素。因此，在后勤服务公司的改革发展过程中，每一项政策与措施、方法与步骤，都要紧紧围绕着经济属性与教育属性而展开，坚持两重属性的辩证统一。

当前，公办高职院校后勤社会化改革面临诸多难题，也出现了一系列的问题，从根本上来说，这是机制的问题，是人的问题，是管理模式和方式的问题，而不是改革本身的问题。让高职院校在改革的道路上轻装前进，聚精会神于教学科研、人才培养等核心工作，而把后勤服务工作交给社会上更加专业的团队来做，提供专业化、高品质的后勤服务，是高职教育发展的必然趋势。各高职院校必须始终坚持后勤社会化改革不动摇，而且要让广大师生切实共享后勤社会化改革的成果。

第二节 建立一支适应新时代需求的师资队伍

务实、高效、精干的师资队伍是民办院校良性运转的"主心骨"，公办高职院校的发展同样需要有一支强有力的人才师资队伍作为支撑。在"民办经验"的借鉴与参考下，公办高职院校要充分利用好自身的平台优势、政策优势，量身打造适合自身发展需要的师资队伍。

一、严把教师入口关，引进优秀实用人才

当前，公办高职院校的人员流动机制远不如民办院校灵活，"人员难进也难出"，想在公办高职院校求职成功并非易事，想淘汰已进入公办高职院校中的不合适人员又较为困难，尤其是一旦发现教师能力不足或言行举止不适应教学工作，对学校而言也比较被动。因此，首先要把好教师入口关，为学校选好人才。

（一）对应届生的招聘门槛要适当提高

现在公办高职院校的招聘条件的学历要求基本上是硕士研究生以上，专任教师基本要求专业对口、本硕专业一致、专业成绩优秀、有助教或代课经历优先，辅导员要求是中共党员、主要学生干部经历、有演讲比赛或辩论赛获奖经历优先、有文艺特长优先。对于应届毕业生的毕业院校要向"双一流"高校集中，

尤其是本硕均毕业于"双一流"高校的毕业生，不可否认"双一流"高校的生源质量、学生综合素养都较为优秀，"优中选优"也符合教育市场化规律，为选拔优秀人才也省去很多不必要环节。这些优质人才只要吸引进来，就能很好的发挥作用。因此，通过提升对应届生的招聘门槛来逐步完善公办职业院校教师的准入制度，选拔真正优秀人员充实到教师队伍中来，通过不断补充"新鲜血液"来激发整个教师队伍的活力。

（二）招聘的范围要适当拓宽

公办高职院校招聘除面向应届毕业生之外，也要吸引有工作经历的人员加入，他们经过实践的锻炼，已经具备成熟的专业技能，可以很快进入工作状态、发挥实际作用，这样可省去不少培训、培养环节，同时也节省了相应的培养成本。一方面，根据高职院校的专业设置，吸引企业的高技能人才加入，他们的专业技能和实践动手能力正是当前高职院校师资中所欠缺的；另一方面，要从其他高校中吸引有工作经历、有职称人员的加入，他们的科研成果、教学理念、工作思路都可与现有团队人员的融合、碰撞中产生新的火花。此外，要打造适应高职院校发展的"双师"型教师队伍，不仅要引进专职教师，同时也要积极聘请"企业工匠"作为兼职教师，适当提升目前这类兼职教师在整个教师队伍中的比重，建立一支稳定的兼职教师队伍。根据学校专业设置的需要，积极从行业、企业聘请专业基础扎实、有丰富实践经验并能指导实践教学的能工巧匠、工程技术人员做兼职教师，把兼职教师作为师资队伍结构的重要组成部分来建设与管理。

（三）建立试用考核机制

不是说通过了招聘考核就进入了工作的"保险箱"，试用考核不合格要及时予以淘汰，这也是对双方负责任的表现。公办高职院校需要的是"适用"型人才，即要招聘学校实际岗位需求、符合学校发展定位、适应工作节奏、干出工作成效的人才，可能应聘者在校期间表现很优秀，是一个好学生，但并不代表就一定适合做一名高职院校教师；可能应聘者专业知识好却不善表达，而该校需要的又是教学岗，那么就明显不"适用"；可能应聘者理论知识讲得"头头是道"，但是却缺乏指导学生实践操作的动手能力，而该校又需要"双师"型岗位，也明显不"适用"；每个学校都有其特殊的校情、学情，可能应聘者在其他院校表现比较出色，未必就适应新单位的工作节奏，未必能达到新单位的预期成效，这也属于不"适用"的范畴等。对于试用考核期内发现的各类不"适用"人员，要及时予以"退出"，把岗位留给真正"适用"型人才。

（四）注重选拔实用型人才

同等规模的职业院校，公办的师资人数明显要高于民办，并不是"人多力量大"，人不在多，贵在精！在于勤！一般对于普通教师能力的评价主要从教学工作、育人工作、科研工作等方面展开，如果教学质量优秀、学生管理成绩突出、科研工作勤奋踏实的人员要大力发掘、选拔到实际需要的岗位上，给予饱和工作量，最大限度发挥其工作实效。公办高职院校的工作压力、工作任务远小于民办院校，公办高职院校急缺的也是这种"肯干活、能干活""一人能挑多岗"的实用型人才。

二、注重教师培养，激发教师工作热情

将优秀实用的教师"引进来"之后，更要注重对教师的动态培养，制定相应管理举措和激励机制，激发教师的工作热情，激活其自我发展、自我突破的原动力，从而让教师安心工作、踏实工作、快乐工作、幸福工作。

（一）依据不同系列岗位职责，出台相应教师管理制度

公办在高职院校同样适用"管理出成效"，不仅优异的教学质量很大程度上是要靠"管"学生"管"出来的，而且出色的工作业绩也是很大程度上靠"管"老师"管"出来的。公办高职院校教师的管理强度远低于民办院校，管理相对松散也导致了纪律松懈。高学历并不等于高度自觉性，很强的工作能力也并不等于很好的工作业绩，贵在勤于作为！因此，还是需要严格的管理。务必规范请假制度、规范常规教学检查制度、规范教学巡查制度、狠抓工作作风建设，让广大教职工在完善的制度之下履行好职责。在对教师的管理实践中，一方面要从新进教师的岗前培训入手，"规矩讲在前面"，让他们从熟悉学校规章制度开始逐步融入学校工作之中，开始的工作做扎实了，后期的管理会顺畅很多，如果开始就任其"自由散漫"，那后期更是无从管理；另一方面要加强制度的执行力度，公办高职院校在处理教师问题上往往放不下情面，难以动真格，自然就难以形成威慑力。有了制度就必须遵照执行，管理者与监督者首先要以身作则、带头示范，处理问题"对事不对人"，公平、公正、一视同仁，大家才能信服并自觉遵守。

（二）注重教师的培养与提升

广大教师在"传道、授业、解惑"的同时也需要与时俱进，加强学习，提升专业素养与教学技能。一方面，学校要搭建好教师培训平台，完善教师培训体系，通过专题讲座、集中面授、网络学习等多形式、多渠道来开阔教师视野、拓展教师知识面、提升教师技能水平，通过系列培训，也让大家认识到自身的不足以及不断学习的重要性，逐步将外在培训的压力转化为内在自觉学习的动力；另一方面，积极组织和鼓励广大教师参加教学竞赛和专业技能大赛，比赛是对能力的最好检验与提升，在公办高职院校工作时间久了，有了资历，很容易产生自

满、自负情绪，以为自己就是标准与权威，但跳出院校的圈子，与广大同行竞争比武，才能感受到优秀者其实大有人在，这也是一种极大的促动，有促动、有反思、有改进，就会有提高。此外，在专业技能竞赛面前，任何人都会有压力，当扛过压力，迈过比赛这道坎的时候，就已经有所提升了。因此，各公办高职院校要用好竞赛这个形式，对广大教师"大比武""勤练兵"，以赛促成绩，以赛促进步。

（三）出台相应激励机制，激发教师工作热情

在公办高职院校，大家习惯了"旱涝保收"，习惯了"轻松、清闲"，一部分教师对于学校安排的工作量"能少干就尽量少干，能不干就尽量不干"，只要干最少的活，哪怕拿最基本的工资他们也非常乐意。然而，这对于学校的用工成本而言恰恰是最高的，这种现状必须得到根本扭转。公办高职院校教职工的工资收入要与实际工作量挂钩、与实际贡献率成正比。例如，某个高职院校对专任教师每学年基本课时量都有相应规定，在教师精力充沛、愿意多承担教学任务并保证教学质量的情况下，可以给予更多课时量，超额的课时量应该在课时费上予以适当补贴；对于专任教师兼任班主任、社团指导教师等，学校应该予以鼓励支持，津贴可以适当有所提高；对于专任教师从事科研工作，学校应该予以配套经费的支持与奖励，让民办院校的"能者多劳、多劳多得"的现象在公办高职院校也能得到鲜明的体现。简而言之，"一个人干两个人的活，拿 1.5 倍的工资"对个人来说是一种激励，对学校用工成本而言是一种节省，对工作成效而言也是一种保障。

三、完善教师考评机制，优化教师队伍

教师考评机制是教师队伍建设的"指南针"，要以评优晋级、绩效工资等为突破口，通过建立完科学、合理、公平、公正的教师考评机制去倒逼教师队伍的优化。

（一）根据教师不同系列制定不同的考评标准

依据教学系列、行政系列、实验技术系列等不同类别制定不同的考核细则，对于细则标准要有可操作性并进行分值量化，根据总分排名来确定考核等级，考核结果面向全校公示，接受大家监督。对于一人兼任多岗位的，以主要工作岗位所属系列标准进行考核。这是一个有形的标准，其实还存在一个无形的标准，那就是每个教师心中都有"一杆秤"，对于同事的工作态度、作业业绩有一个基本的衡量。对于评判学校考核标准是否客观公正，可以将学校公示的考核结果与大家心中所衡量的结果进行比对，如果大体相当，则说明学校制定的考评标准深得

人心、令人信服。

(二) 教师考评增加述职、答辩环节

教师学年考评是件极其严肃而庄重的事情,不能只是书面材料分值的核算,而是更应该增加述职与答辩环节。首先,这能增强广大教师对考评工作的仪式感,让大家切实意识到考评工作的重要性与严肃性,在日常工作中也会更加注意去积累考评所需素材,对工作态度与工作作风也会是一个很好的导向。其次,通过聆听他人的述职情况与广大教师自身形成对比,以便寻找差距,明确努力的方向。第三,将个人工作情况进行述职、汇报、答辩,以接受大家的监督,以保障工作成绩的真实有效,尤其在科研方面,文章抄袭、论文买卖的现象比较严重,买发明、买专利的现象也较为普遍,如何鉴别真伪,务必严格把好学年考评的第一关,从源头上防止科研成绩造假。

(三) 教师考评标准与职称等级相对应

教师考评标准要根据考核人的职称等级来确定,例如教学系列教授的考核标准要高于副教师,副教授的考核标准要高于讲师,以此类推。相应职称的教师享受着相应等级的工资待遇,那么就应该履行好相应的岗位职责,承担相应的工作义务。例如,在科研方面就应该完成更高级别的课题项目、获取更高级别的奖项等。这样使得职称的晋升不是"一劳永逸",也不是评完之后就能"坐享其成",而是要约束教师们更好发挥自身价值,实现能力与贡献形成正比。

(四) 教师学年考评结果与职称评审挂钩

教师每年的考评结果是其职称评审的重要参考指标之一,考核不合格的学年不得计入工作年限,考核等级直接影响职称评审的赋分档次,甚至影响到职称评审的结果。相关学年的考核素材合起来基本就构成了职称评审的主要材料,从中也能看到一个教师的积累是从量变到质变的过程,也能防止教师职称评审搞"突击",同一时间段核心论文相继发表、专著出版,这种可能性就不得不让评审专家"心存疑惑"。反之,如果历年教师考评结果优秀,科研材料丰富,等到职称评审时就是"水到渠成"。这样引导广大教师不要只盯着职称评审的功利性,而忽略逐个学年工作中的过程性积累。简而言之,只要过程努力了,结果未必会很差。

(五) 教师考评结果与教师收入紧密挂钩

当前推行的教师绩效工资改革正是以对教师绩效的有效考核为基础,实现将工资与考核结果相挂钩的工资制度,它的理论基础就是"以绩取酬"。在教师绩

效工资收入分配中，不能光看教师工作的"量"，更要看到其工作的"质"，干好干坏绝不能一个样，对于考核优秀者要给予适当奖励以示激励，合理拉开不同考核等级的收入分配。例如班主任的带班津贴，就要根据对班主任的考核等级制定不同层次的分配标准；对于任课教师的课时费除了结合职称因素外，也要参照课堂质量考核等级，制定不同的课时费发放标准等，总之，打破传统的"平均主义"模式，又要消除简单的"多劳多得"思维，更要杜绝混工作量的现象，真正凭工作成效为基准进行教师收入分配，以收入的差距来激励先进，鞭策后进。

（六）教师考评结果与聘任制挂钩

在公办职业院校存在少部分教师，好似"与世无争""无欲无求""满不在乎"，对"职称晋升无所谓""收入多少无所谓"，在工作中"能不干就不干""能少干就少干""混日子"的现象比较突出。如何加强对这部分教师的有效管理，最实用的方法就是将教师的考评结果与教师的工作岗位挂钩，意味着考评结果将影响甚至决定着教师的"去留"。教师的考评结果最直接、最真实的反映被考核人的岗位履职情况，如果连续两年考评结果不合格，说明其没有足够能力或者没有足够责任心履行好基本岗位职业，务必要对其调整工作岗位，如果在新的岗位上依然考评不合格，那么学校就要对其做出解除聘任合同处理。这也是借鉴"民办经验"，通过教师的考评机制来彻底打破公办高职院校教师从前的"铁饭碗"，以此契机建立起教师队伍的淘汰机制，促进教师队伍的合理流动，带动整体师资队伍的优化。

第三节　勤俭治校，强调资源效益最大化

民办职业院校的经费相对紧张，其在经费使用上也是"精打细算"，甚至到了"吝啬"的地步，而公办高职院校有财政的支持，其经费相对宽裕，尤其是全额拨款的院校，花费可以相对大手笔。但是，"有钱也不能任性"，况且是国家办教育的钱，更应该用在刀刃上。作为公办高职院校要学习民办职业院校的"精打细算"，勤俭治校，同时要将校内资源效益发挥到最大化。

一、倡导节俭意识，杜绝铺张浪费

在公办高职院校的全体师生中倡导节俭意识，杜绝铺张浪费，既要从制度上予以控制，又要在行为习惯上予以引导，更要在实际行动中以身作则。

（一）制定相关约束机制，从经费源头上予以管控

首先，凡是涉及经费使用的，都要建立起统一、规范的财务制度。例如，科

研经费报销制度、出差费用报销标准、办公用品申购制度、公务接待报销制度等，所有的经费要在制度的约束下使用，务必要逐层签字把关；其次，学校各项财务支出要公开透明，"钱花到哪里，怎么花的"这要让全校教职工心中有数，接受大家监督，同时纪检审计部门对学校财务状况及时诊断，并开出药方。近些年，公办高职院校的广大教职工明显感觉到"花学校的钱越来越难了"，这是一个好现象，说明相关的约束机制开始缩紧、作用正在凸显。

（二）注重节俭意识的宣传引导

倡导校园节俭意识，主要从三个层面展开：

从学校层面，通过横幅、标语、标识、温馨提示等来营造节俭氛围、崇尚节俭美德、宣传节俭知识。例如在对空调的使用上，早在2006年8月6日国务院发布的《国务院关于加强节能工作的决定》中就明确指出"所有公共建筑内单位，包括国家机关、社会团体、企事业单位和个体工商户，除特定用途外，夏季室内温度设置不低于26℃，冬季室内空调温度设置不高于20℃"。然而，部分师生对这些常识性规定未必知晓，或者是"明知故犯"，甚至一部分师生对空调的使用存在非冷热季节随时开启、温度依喜好随意设置的现象，造成巨大浪费。对此，学校有责任和义务加强宣传、引导、管理与监督。

从教师层面，教师要将节俭意识融入学生课堂教学与日常管理之中。一方面，以思政课教学为切入点，思政课教师在讲授大学生必修课《思想道德基础与法律基础》时，将中华民族"勤俭"的美德与大学生日常生活中要树立节俭意识结合起来，为学生讲懂、讲透"为什么要节俭、如何做到节俭"，组织学生探讨当前校园生活中有哪些勤俭节约现象值得提倡、还有哪些铺张浪费的现象要予以制止和改变；另一方面，以学生日常管理工作为切入点，辅导员、班主任、宿舍管理员这些与学生日常接触的人员要多关注学生、了解学生、引导学生、约束学生。

从学生层面，首先让学生懂得生活在大学校园之中要心怀感恩，对于公办高职院校，学生的学费是远不足以支付其培养费用的，况且其学费收费本身就偏低，甚至部分专业免收学费，是国家的教育投入在培养广大学生，是国家的财政支持在完善学校设施设备，是国家的经费支撑在保障学校的正常运行。因此，学生们厉行节俭，以实际行动为学校减少开支、为国家减轻负担也是情理之中。一方面通过主题班会的形式在同学们中宣传校园节俭小常识，号召大家从自身做起，做新时代勤俭、节能的大学生；另一方面，通过学生会组织对学生中铺张浪费（尤其是浪费校园公共资源）的不良行为予以劝导、制止，逐步让节俭意识深入学生心中，变为学生自觉行为。

（三）广大教师要以身作则

在高职院校里，教师就是学生的一面镜子，教师的言行举止对学生有着潜移默化的影响。尤其是高职学生"00后"时代已经来到，他们成长生活的物质条件相对优越，对勤俭意识不强，这更需要广大教师以身作则，为学生树立榜样。例如在公办高职院校中常见的"白天空教室亮灯""夏季空教室开风扇""空教室开空调"的现象，这是一种严重的资源浪费，如果每位教师在下课后能做到随手关灯、关风扇、关空调，或者只要教师看到这些现象都会随手关闭开关，那么学生自然也会遵照执行，当节俭成为师生共同的认识，校园里的这些严重浪费的不良现象自然会减少或逐步消失。

（四）节俭从点滴做起

公办高职院校的资源很多是浪费在日常的行为习惯上，浪费在视而不见或习以为常的小事里，浪费在水费、电费、电话费、维修费、办公用品等等这些被大家忽略的清单中。千万不可小视这些不以为然的小事情，日积月累、积少成多就会成为出乎意外的大漏洞。究其原因，浪费产生的根源是思想意识作祟，把公家资源当私家财物来使用，不承担使用成本而带来的肆意挥霍，公家的经费开支本不应该成为浪费的理由，但现实中俨然已是部分人不够节俭珍惜的借口。

对此，高职公办职业院校不妨学习、借鉴民办经验，从点滴小事做起，从行为细节抓起。例如，浙江某民办院校学校的办公设施原则上只为正常办公服务；冬夏两季学校空调的开启、温度的设置都有详细规定；教职工根据实际工作量领取相应办公用品；白天光线不影响正常教学或办公情况下，尽量不要开电灯；校园的路灯在夜间分时段根据需要进行不同程度启用；学校景观灯一般在开学季、重大节日夜间部分时段开启；学校喷泉一般在重要客人来访、重大节日开启等，这些细微举措都有后勤管理人员不定期巡查与监管，久而久之，也就习惯成自然。这些做法看似苛刻，但是做到并不难，只要不影响正常的办公与教学秩序，又能最大限度节省成本开支！

公办高职院校也应该行动起来，算一算学校运行成本的细账，从细小常见的开支入手，执行以下举措：各办公室电费、电话费每月公示；各楼栋水费每月公示；各部门教职工领用办公用品清单定期公示；学校所有公车养护成本定期公示；各部门设备维修费用定期公示等，通过将维护、保障学校正常运行的各项后勤开支进行公示，接受广大教职工监督，并交职工代表大会重点讨论"哪些方面还存在节省开支的空间"，并在学校后勤、纪检审计、财务等部门联合下对学校各项运行成本的合理性进行核查，一旦发现违规浪费现象，根据其程度性质对相关人员给予相应处理。所谓"不当家不知柴米油盐贵"，这就要求各公办高职院校的领导者们和相应职能部门做好当家人。

二、规范校园采购，降低办学成本

为让厉行节约之风在公办高职院校政府采购领域落到实处，有效降低办学成本，切实发挥好政府采购的作用，提出以下几点建议。

（一）做好政府采购的政策宣传与解读

很多公办高职院校的教职工对学校的政府采购行为还处于"不清楚、不理解"的状态，甚至存在认识误区。广大普通的教职工在需要申购办公用品或教学、实验设备时，通常做法是"请示领导"，然后再写申请，交由所在部门指定人员去操作办理，至于采购的规范标准、具体流程"完全不清楚"，对于通常政府采购的价格要比市场价还要贵，甚至出现质量差、维修成本高的现象表示"非常不理解"。以至于部分教职工对政府采购出现了认识误区，把政府采购当作是贵的代名词，认为"政府采购就是对国家资金的严重浪费"，还有的认为"反正是公家的钱，只要买的东西能正常用，其他的都无所谓"。这说明公办高职院校对政府采购的宣传与政策解读还做得不到位，没有把政策的优势传达好。不可否认"高职院校实行政府采购，既能节约资金、提高效益，又能保证程序规范，以及预防校园腐败"，是一项好政策，我们如何把好政策利用好这是关键，首要任务就是做好政策的宣传、引导，及时做好疑惑的解答工作。

（二）加强政府采购预算管理

首先，高职院校政府采购要本着节约、经济实用的原则，有多少钱办多少事科学合理地编制政府采购预算，以满足正常的工作需求为目的，力求采购项目的使用效益最大化，以免"攀大求多"而造成超前消费，导致国家资金浪费。其次，必须重视年度采购预算的编制，因为年度采购预算是高职院校实施采购工作的唯一依据。编制预算前，要分清轻重缓急，对拟采购的项目进行充分的论证，强化采购预算的约束力，对于未列入年度采购预算的项目，坚决不予采购。第三，在编制年度采购预算过程中，时刻要显示采购预算的约束力，如果在采购预算的实际执行过程中，遇到教学科研急需上马的项目，急需采购必需的仪器设备，必须由学校采购管理部门组织有关专家进行可行性论证，方可对采购预算进行必要调整，而且调整预算时必须严格、规范地按照审批制度和程序办理相关手续。

（三）健全政府采购会计核算体系

政府采购会计核算的目的是保证政府采购经费使用科学合理，做到经费的每一分钱都能产生最大的效益。为了便于对账和统计，各高职院校应尽量建立统一的明细科目、会计分录。会计核算的内容包括：各项目政府采购预算是否符合学校政府采购计划；采购成本是否与预算指标相符或相近，是否严重超过预算指标；是否存在非法挪用资金；合同定价是否符合市场标准，有否违反国家相关规定；在付款时，应当对采购合同约定的付款条件、采购发票、检验报告、验收证明等相关资料的完整性与合法性进行严格审核等。健全的政府采购会计核算体系对规范高职院校政府采购资金使用将产生积极影响。

（四）建立健全适合高职院校实际的政府采购制度

提高高职院校政府采购规范化管理的前提，就是必须建立健全适合高职院校实际的政府采购管理制度。高职院校应以国家现有的《中华人民共和国政府采购法》《中华人民共和国招标投标法》《中华人民共和国政府采购法实施条例》等相关法律法规为参照，结合高职院校的实情及其特殊性，制定适应高职院校教育发展实际需求的政府采购管理制度，出台操作性强的《政府采购实施细则》，并在高职院校内部成立政府采购工作领导小组，设置招投标采购管理部门、具体负责采购的职能部门、执行监管的监察审计部门，各部门既各尽其责，又相互制约，使高职院校的政府采购工作在阳光下运行，力争实现公开、公平、公正，努力做到科学择优、依法采购。

总之，对于规范政府采购最期待的理想结果是价格要降下去、质量与服务要提升上来。

三、利用校园资源，增加学校收益

学校的各类资源最根本的任务是要满足教学需要、满足教职工办公需要、满足学生生活需要，在此前提下校园资源也不能闲置，可借鉴"民办经验"，将富余或临时空闲的校园资源合理加以利用，通过开展社会化的服务而获取相应收益，为学校创收。

（一）适当开放体育设施，提供有偿服务

学校体育设施要确保在日常的教学与训练的基础上适当地进行对外开发，保证日常的课程教学和运动队训练是学校场地资源有偿开放的前提。学校体育设施要进行有偿开放需根据各高职院校的实际情况而定，体育设施不够完善的院校应该把精力放在保证平时日常上课教学中，如果想要有偿开放使用学校体育设施还需要有完善的设施条件及时间保障。对于体育设施齐全，设施较为理想的学校，积极开放校内体育设施，根据市场上的需求多开展相应的运动健身项目，吸引群众积极踊跃参与到运动中来，在合理收费的基础上，提高体育场馆的利用率，以

便最大限度地提高其经济效益和社会效益。这既是增强全民健身，提高全民身体素质的重要手段，又能减轻国家财政负担以及学院办学经费负担，扩展体育场馆设施维修经费来源，可以更好的改善场馆运营环境。当然，首先必须保证处理好有偿开放与教学、训练之间的关系，再合理安排学校体育设施的使用时间。

（二）提供考试场地与监考服务

众多公办高职院校有良好的机房设备、充足的教室、完善的室内监控、优质的监考人员，完全可以承接各类考试服务，而考试组织部门正需要寻找租用相关的考试场地、聘请监考人员。因此，设施条件较好的高职院校要充分利用校园资源，积极与地方教育考试中心、人力资源与社会保障局等单位联系，拟定考试服务合作协定，建立起良好的合作关系，承接自学考试、计算机等级考试、公务员招录考试、事业单位招聘考试、建造师和注册会计师等各类职业资格证书考试。学校本身就有丰富的考务管理经验，为确保各类社会考试的顺利进行，考试组织部门可依照考试要求指导学校相关人员开展考务工作。最终，学校可获取一定的场地使用费，监考老师也获取相应的酬劳，这也是为学校集体经济、为学校教师个人合理创收的有效途径。

第四节 开发教育资源，拓展教育市场

公办高职院校要充分利用好自身教育教学资源，结合社会经济发展需求，积极拓展教育市场空间。

一、根据学校特色办好农民学院

（一）以服务乡村振兴战略为契机，办好农民学院

充分利用地方公办高职院校的教育资源，举办各类农村教育，大力提高农民科学文化素质和劳动技能，把大量农村劳动力迅速转化成有文化、懂技术、会经营的新型农民，成为服务乡村振兴战略、推动农村改革发展、促进农民持续增收的有力举措。鉴于此，各地方公办高职院校可依托优势专业，整合各种社会资源，成立农民学院。以此顺应农民培训发展的新趋势，满足农民日益增长的物质文化需要，将对发展现代农业、繁荣农村经济起到有力的推动作用。

高职院校兴办农民学院较为成功且具有典型意义的是湖州农民学院。湖州农民学院是以湖州职业技术学院（湖州电大）为主体，由湖州市农办、浙江大学农生环学部和湖州职业技术学院（湖州电大）联合举办，并整合浙江大学农生环学部和湖州市级涉农教育培训资源，重点培养具有大专以上"学历+技能+创

业"型农民大学生的公办、公益性质的农民教育与培训管理机构。学校按照"做强高职教育、做大开放教育、做特农民教育、做活社区教育"的思路,建立和完善高职教育人才成长"立交桥",探索出一条"一体化"办学之路,形成了高职教育、成人教育、农民教育、社区教育"四位一体"的办学新格局。

农民学院整合涉农优势教育培训资源。通过项目整合、机构整合、资源整合,形成"党政主导、学院运作、部门共建、各界支持、农民受益"的"学历+技能型"农民大学生培训工作推进机制;建构起开放型教育资源为主体、专家教授为支撑、职业技术学院教学管理和市、县区产业化实训基地为基础的教育培训资源优化配置机制;努力形成纵向连接市、区、乡镇(街道)、企业(村)等四级培训网络,横向覆盖有关条块部门的农民教育培训组织架构,健全短期培训、中高等职业技术教育、本科及以上专业技术人才培训相贯通的教育培训体系。

农民学院强化涉农教育培训项目和专业建设。不断拓展反映地方产业发展特色、满足实践需求的教育培训项目,加强相关专业和学科建设。整合各方面的专业技术力量,围绕培训项目开发与运行,建立"专兼合一、功能多元"的高水平农民教育培训师资队伍、高质量的农民教育培训教材、高效能的教育实训基地。

农民学院通过"三层对接"创新教学模式。所谓"三层对接",指的是专业对接农业产业、课程对接农村企业和教师对接农民合作社。通过"三层对接",农民学院努力寻求符合地方特色的农民学院教学体系,着力形成地方、产业、企业和学校多方共赢的局面。

(二) 以办好农民学院为载体,大力培育新型农民

乡村振兴,农村是主阵地,农业是主因,农民是主体。公办职业院校如何发挥自身教育资源优势,为乡村振兴服务,办好开放务实的农民学院就是有效载体。农民学院不同于其他的二级教学单位,应该有着灵活多样的自主权,在地方政府和教育主管部门的大力支持下,农民学院怎么办,应该根据乡村振兴的实际需要来定。当前,新型职业农民是乡村振兴最主要的参与者、实践者和促进者,培养一支乡村振兴农民主力军队伍,是实施乡村振兴战略的首要保障。现代农业发展的新技术、新模式、新业态呼唤创新创业型职业农民,对新型职业农民的系统培育和提升成为农业人才培养的新要求和新方向。以温州某职业学院为例,学院发挥全国新型职业农民培育示范基地优势,以成立瓯海乡村振兴技术培训中心为契机,谋划成立乡村振兴学院,到2020年,打造乡村振兴特色培训项目10个、培养乡村振兴带头人100名、培养基层农技服务人员1000名,每年培训乡村实用人才10000人次。

首先,全面提升农民综合素质。要打通学历上升渠道,针对农村基层干部、

技术人员、青年农民等开展学历教育，实施"学历+技能+素质"常态化系统培训，教学时间、教学形式可以灵活掌握，通过建立"项目菜单+课程超市+学分互认"的教育机制联通课堂与现场教学，通过实施"线上报名+线下集中面授+线上自主学习"贯通线上与线下教学，开发适合温州农业生产实际的"互联网+农民职业教育"微课程，对农民学员免费开放所有线上课程，同时实施农民学历教育专升本工程，免费培养专科、本科高素质农民。

其次，全面满足农民的知识需求。根据学校的专业优势，结合地方农业特色，对有需求的农民开展短期的技能培训，例如蓝莓种植培训、水果玉米种植培训、茶叶种植培训等；灵活安排教学内容，针对与乡村建设关键较为紧密的专业如电子商务、物流管理等进行教学内容的调整，为前来学习的农民传授一些他们感兴趣、实用价值丰富和易于接受的专业知识；灵活设置专业方向，开设当前乡村发展所急需的农产品营销、民宿经营与管理等专业或课程；倡导实施新型职业农民工程，培养一批农业职业经理人、乡村工匠、现代青年农场主等，培养善于致富带富的农村实用人才队伍，为乡村振兴助力。

第三，全力培养农民创业实践能力。充分发挥学校的科研优势，打造创业实践平台，为农民学员在校创业实践提供"项目创意"与"技术指导"。将现代农业的新技术、新模式、新业态的"三新"科技成果作为学员的创业实践项目，同时建立"导师+项目+团队"机制，以科研成果、新技术应用为导向，将科研专家转变为农民创业导师。在此基础上，跟踪指导创业孵化，积极帮扶农民学院创办涉农企业。

二、依托优势专业做好技能培训

（一）面向社会开展技能培训的必要性

第一，开展社会技能培训，充分体现了高职教育的办学宗旨。高职教育的首要办学宗旨，就是要为地方经济发展服务：一方面，高职院校面向就业前的青少年，通过培养合格的生产、建设、管理和服务第一线的应用型人才来为地方经济发展服务；另一方面，高职院校还应面向社会开展教学服务，成为区域内重要的人才培训中心。虽然，大多数高职院校多年来一直承担着成人教育的任务，但这是以补偿教育、学历教育为主，教学内容与社会发展联系不紧密。高职院校要实现社会服务功能，必须在实用技术技能培训、企事业单位订单式人才培养、区域内居民文化素质提高等方面取得进展。

第二，开展社会技能培训，是高职院校的重要职能。学历教育和社会培训，是高职院校办学的两大职能。近几年来，高职院校基本都在实施学历证书和职业资格证书双证制，在完成计划内教学的同时，面向社会开展职业培训。高职院校具有师资、设备、技术教学、科研方面的资源优势，资源取之于民，必须用之于民。面向社会开展职业培训和技能鉴定，可以充分发挥高职院校的资源优势，挖掘资源潜力。

第三，开展社会技能培训，是提升办学影响力的重要着力点。高职教育在我国目前仍处于劣势地位，社会认同感不高。高职院校在开展社会培训的过程中，实行开放办学，为企业培养高技能人才，为社会解决就业压力，为个人提升作出贡献，在此过程中，提升了社会对高职院校的认可程度。同时，一些成功的培训项目，能形成品牌效应，树立品牌形象，不仅形成了培训的良性循环，还宣传了高职院校，逐步提升了高职院校的社会影响力。

（二）高职院校开展社会培训的路径

第一，成立培训专职机构，各项目实行项目负责制。高职院校要想将社会培训做大、做强，首先管理部门要加强思想重视，应设立培训专职机构，并按照市场化规则运行各个培训项目，对承担的每个培训项目确定一个项目负责人，项目培训负责人业绩考核与收益分配相挂钩，培训项目从市场需求分析—项目发开设计—招生组织—教学管理—评估反馈，所有各类细节都由项目负责人统一管理。学校培训专职机构以职能部门的身份，负责论证新项目、遴选项目负责人。

第二，组建培训师资团队。高职院校在聘请培训师承担社会培训时，应选择既具有完整的理论知识体系又具有丰富工作经验的教师，共同组建一支专业的培训师团队。院校组织方一方面应合理选择培训师，寻找责任心强、理论教学水平和实践教学水平较高的教师来承担培训任务；另一方面应尽快培养和引导一批教师投身社会培训，选择整体素质较好的教师深入企业调研或挂职，掌握一线技术人员和管理人员对新技能需求状况，了解企业的人才培养需求。

第三，建立良好的效果评价体系。高职院校开展社会培训要想得到企业和社会的认可，其培训效果及培训学员的反馈意见是十分重要的。通过培训前评估学员需求—培训中吸取学员意见—培训后评价培训效果三步来建立良好的培训评价体系。在培训前期，要配备优秀的师资、提供良好的培训环境，并建立培训过程的效果评价体系。在培训中期，培训方应该通过与培训学员面对面交流的方式，倾听学员意见；同时，培训方针对学员反馈的意见及时调整培训方案，以提高后期培训效果。在培训结束后，培训方通过问卷调查的方式来了解培训效果，总结经验，必要时对培训讲师实行考核制度。

第四，依托专业优势，树立培训品牌项目。随着培训行业的不断发展，怎样在激烈的竞争中显现优势、树立特色品牌是各个培训单位所关注的课题。高职院校一般都有其特色专业，这些特色专业通常专业的人才团队、前沿的技术支持、良好的社会口碑。高职院校的社会培训要想从培训行业激烈竞争的大浪中脱颖而出，必须依托专业优势，建立品牌培训项目。

三、延伸与拓宽学历文凭教育空间

(一) 国家提供了良好的政策支撑

《国家中长期教育改革与发展规划纲要（2010~2020 年）》中提出"搭建终身学习的立交桥"，《中华人民共和国国民经济和社会发展第十三个五年规划纲要》中提出"大力发展继续教育……建立个人学习账号和学分累计制度，畅通继续教育、终身学习通道，制定国家资历框架，推进非学历教育学习成果、职业技能等级学分转换互认。"党的十九大报告强调，"健全学生资助制度，使绝大多数城乡新增劳动力接受高中阶段教育、更多接受高等教育"，"办好继续教育，加快建设学习型社会，大力提高国民素质"。从"大力发展"到"积极发展"再到"办好"继续教育，是一种从数量扩张到数量质量并重的发展道路，是解决"有学上"和"上好学"的科学之路。这些为高职院校继续教育的发展提供了良好的政策支撑。

(二) 高职院校专科学生升本的动因

第一，不满足于现状。当前，很多的高职院校的专科学生对于现有的学历水平并不满足，愿意通过自己的努力将学历水平再提升一个层次，并在激烈的环境竞争中感受到了危机感，不愿意处于高等教育的底端。同时，有些专科毕业的学生已经意识到了，在一些工作单位中，对于高职专科学生并不是非常的认同。因此，针对不满于当前学历情况的学生，需要将学历进行提升。

第二，有提升学历的计划。很多学生在刚到高职院校学习时，便有了提升自己学历的计划。同时，在当前的高职院校当中，不但将培养高质量的人才作为培养的目标，还鼓励学生通过自主学习等形式提升自己的学历。此外，社会当中的一些企业在对人才进行招聘的过程中也非常注重学生的学历，这对学生的成功就业会产生很大的影响作用。面对这样的情况，有些高职学生的自信心受到了打击，对自己的学历会有些不自信，希望能够将自己的学历提升一个层级。

第三，理性以及功利性。一方面，能够进入到高职院校就读，圆了自己以及父母的大学梦，为自己未来的发展以及实现人生目标提供了一个基础平台。另一方面，虽然实现了自己的大学梦，却因为这个学历平台不是非常高，导致了自己实现目标的基础不够。因此，为了更好的完成自己的目标，一部分学生选择了提升自己的学历，但因为很多学生的家庭并不宽裕，既希望拿到本科学历，又希望在拿到学历后能够学有所值，能获取一份待遇相当的工作。

（三）高职院校提升学生学历的路径

第一，选拔优秀专科生升本科学习。在高职院校当中，将各方面表现优秀的学生选拔到本科院校深造，又被称之为"专升本"。普通专升本的相关考试，为省级统一招生标准选拔性考试，由各省教育厅领导以及教育考试院统一进行管理和组织，设置各个市区招生办。其中，专升本的考试选拔对象为全日制普通高校的高职高专（专科）应届毕业生。对于该项选拔考试，其核心本质为促进专科阶段与大学本科阶段教育的一种衔接手段，应用"3+2"的就读模式，简单来说便是在普通专科全日制院校当中学习三年，学期满三年之后，再考入本科全日制学习两年。即学生5年获取全日制本科毕业文凭，这也是学生获取的含金量最高的本科文凭。

为提高录取率，各高职院校会对报名参加统一专升本考试的学生单独组织考前辅导，尤其是对英语和高数等学生基础较为薄弱的科目加大辅导力度，帮助学生提升考试成绩。

第二，自学考试专升本。实际的操作中有两种方式：（1）鼓励学生自行报名参加社会上的自考（专科起点本科段）课程，这种形式费用最低，只需要缴纳每门课程的考试费即可，无需另外缴纳额外的学费，然而考试难度也相对较大，学生要通过本课段的各门课程并完成论文及答辩，凭专科毕业证书及自考各课程合格证书去申请自考本科毕业证书。（2）高职院校从在读高职学生中利用业务时间组织的自考专升本班，这些学生需缴纳一定的学费，各考试课程有相关专业课老师进行授课辅导。其最大的不同是利用一些政策的优势，将部分课程由原来统考变为校考，例如中国近代史纲要、马克思主义基本原理等公共课程；将部分课程由原来的统考变为用技能证书去顶替，这样使得自考文凭获取的难度极大降低。同学们在高职专科学习的同时完成自考本科助学班的各门课程学习，在获取专科毕业证后，统一向省教育考试院申请本科毕业证书，最后获取的自考本科毕业证书与社会上考试获取的自考本科毕业证书完全相同，符合条件的同学还可以授予学士学位。在学习进度正常完成的情况下，三年半即可获得高职专业毕业证书和自考本科毕业证书，为学生极大地节省了学习时间。

第三，成人高等教育专升本。高职院校所进行的成人高考专升本与社会上的成人高考模式有所不同。社会上的成人高考专升本，是已经获取专科院校毕业证书的学生，在每年10月参加统一的入学考试，该项考试通过的机率比较大，有极高的录取率，学习的模式为函数，学习的时间2~5年，学习的费用相对比较低，针对的人群主要为成年人，可解决在职人员学历不足的问题。高职院校的成人高考专升本是充分利用好高职学生的三年在校时间，将本科段的课程安排在学生业余时间开设，即学生既要学习常规的高职专科的课程，又要学完本科段的相关课程，在3年高职专科学习结束并获取专业毕业证书后的当年10月参加成人高考，并通过考试取得成教本科学籍，2年后通过本科论文答辩，即可向相关本科院校申请成教本科毕业证书。即学生在5年半的时间获得高职专科毕业证书和成教本科毕业证书。

第六章　公办高职院校的发展方向

面对民办职业院校的竞争与挑战，公办高职院校"走向何方"，值得大家关注与思考。

第一节　公办和民办职业院校合作中求"双赢"

尽管公办教育和民办教育的发展水平不尽相同，而且二者在基础、环境和机制等方面的差异也非常明显，但我们必须清楚地看到公办高职院校的部分优势，正是民办职业院校的短板；而公办高职院校的部分劣势，恰是民办职业院校的优势之所在。因此，有可能在两类学校之间找到一个结合点，充分发挥双方各自的优势，避开双方各自的劣势，达到优势互补，给双方同时注入快速向高水准学校目标发展的活力，形成中国高等教育的一种新形态，促进公办与民办职业院校办学效益的共同提高。优势互补、共同提高，是公办高职院校、民办职业院校合作的出发点，在改革中求发展、求成效，是二者合作的结合点。因此，两者应该紧密地抓住历史赋予的机遇，充分研究、发掘、利用各自比较优势，通过相互间的合作，共同发展、互补双赢。

一、建立良好的合作协调机制

当前，公办与民办院校的合作往往是暂时和随机的，而真正意义上的合作是一个长期、系统的工程，有必要为二者建立一个稳定的、多层面的沟通机制。因此，建议在公办高职院校和民办职业院校之间建立多层面的沟通与协作机制，加强信息、资源、决策等多方位的合作，甚至可以在条件成熟时，筹备相关合作协调机构，统筹、协调、决策两者合作事务，可以成立专门性的机构组织，如合作发展委员会，可由两校领导、部门负责人、相关专家共同组成，制定相应章程，定期举行相关会议和活动。

二、实现两者资源的支持与共享

（一）教育决策

众所周知，民办职业院校吸引和招聘了相当数量来自公办院校的从事高等教育管理的人才，担任不同层次的管理工作。由于这些管理者熟悉公办院校的运作模式，又具有实际的管理经验，同时也十分关注民办高等教育的发展，因此，民办职业院校可在发展过程中，充分发挥他们在决策和管理层面的优势。同样，公办高职院校也可以借鉴民办院校运行机制的灵活，思考自身如何在办学自主权扩大的情况下取得快速的发展；公办高职院校的管理决策层也可以将民办院校管理中的问责制运用到其日常工作中，提高工作绩效；公办高职院校还可以学习民办院校强烈的市场意识、竞争意识、忧患意识，为学校如何在市场竞争中取得先机制订出合适的发展措施。

（二）人事管理

按照培养人才的目标，组建结构合理、相对稳定、充满生机和锐意创新的师资队伍是公办和民办职业院校实现优势互补和跨越式发展的重要方面。公办高职院校师资队伍相对稳定，而民办职业院校的师资队伍又缺乏稳定，如何通过二者的合作即在某层次上的联合来解决这个棘手的问题呢？是否能将合作双方中的民办职业院校的教师人事档案由公办高职院校代管，监督民办职业院校严格执行住房、医疗、养老"三金"政策；能否将民办职业院校职称评审按其专业划归到相关高职院校进行评定，帮助民办职业院校建设师资队伍。民办职业院校的人事管理又有其灵活性，公办高职院校则相对比较保守。民办职业院校大多实行教师聘任制，这有利于师资队伍的优化和更新，从而促进师资队伍的发展。同时，利用合作中民办职业院校的灵活机制，打通二者人力资源的流通渠道，可为公办高职院校形成缓冲，降低公办高职院校人事改革的负面影响，增加公办高职院校人事改革内动力。

（三）师资队伍

在师资方面，两者也具有相当大的合作空间。由于公办高职院校学科齐全，招聘的师资在交叉学科、基础学科和前沿学科都有明显的优势。相比之下，一般民办职业院校的师资力量相对较弱，尤其缺少学术型人才，但是工作效率较高，团队凝聚力较强。公办高职院校与民办职业院校的教师由于不同的体系体制背景，不同的视野、角度，以及不同的工作状态，可在两个领域的人才培养上发挥出很强的互补作用。在具体操作领域，可协商制定有关协约、通则，采用长聘、短聘、交换等形式，或用学术讲座，或以课程讲授，全面推进两者的交流，对师资这个重要资源实现相互支持和资源共享，不仅会使学生受益，更会推动两种教育形式发挥积极作用。

（四）资料与信息

在资料、信息与设施方面，民办职业院校可通过与公办高职院校的合作，高起点地建设自身校园文化，较高层次上整合教学管理系统，公办高职院校可以部分参与民办职业院校的办学过程，进行指导和协调。并且在发展的共同目标下，发挥各自优势，资源整合，有偿使用，统一协调，统一标准。如民办职业院校可利用公办高职院校的实验、实习、实训场地、设备，对学生进行实践环节教学，而不必重复投资建设大规模的实践场地，使民办职业院校将有限的财力用在建设更加适应社会和市场的新型项目上。民办职业院校还可利用公办高职院校图书资料的优势，如在公办高职院校的图书资料建设和购置使用上，可使民办职业院校成为其子流通系统，保证其教学、科研和学习的高标准，做到资源互补，图书信息互通。如数字图书馆的建设，民办职业院校就可以通过有偿使用公办高职院校数字图书馆而成为公办高职院校的子馆，促进民办职业院校与公办高职院校在教育资源利用方面的合作。

（五）科研与评估

在科研方面，公办与民办职业院校可设立合作研究基金，建立相关的科学研究、学术领域的长期合作，比如对于民办教育领域的研究，公办院校具有丰富的高等教育理论知识，民办职业院校具有鲜活的发展实例，如果两者能结合起来开展对民办教育的研究，则可谓"如虎添翼"。在联合办学、合作研究和成果转化上，二者均可结合自身优势，发挥所长、契合所需。在教育质量评估方面，鉴于社会上对民办职业院校的评估体系大都脱胎于政府对公办高职院校的评估，这不仅缺乏科学性、客观性，更在一定程度上制约了民办职业教育的发展。因此，建议是否可由公办高职院校和民办职业院校共同研究探讨，设计出符合民办职业教育发展规律的评估指标和相关数据，从而建立一套科学、合理的评估体系来规范民办职业院校的办学行为，甚至可以在公办高职院校建立专门针对民办职业教育的评估的长期研究机构，定期对民办职业院校实行教育质量评估。

可以预见，随着我国高等教育大众化趋势的进一步发展，公办高等职业教育和民办高等职业教育必将形成既互相竞争又互相合作的关系，两者在各领域的合作必将在广度和深度上获得日新月异的进展，我国的高等职业教育亦将进入一个新的历史发展阶段。

三、建立二者可行性合作模式

（一）校际合作共同建立专业

建立专业是校际合作的主要模式之一。不同公办与民办职业院校之间通过广泛的市场调研，对当前人才的需求情况以及就业情况进行充分的考察之后，经过合作双方的充分论证建立符合当前社会现实以及发展前景的新兴专业或对已有专业进行再改造，并围绕该专业制定出一套全新的人才培养方案。方案内容包括：专业培养目标、职业岗位人群、人才培养标准、学生毕业标准、教学进程设置、教学资源配置等。如此，在培养方案的保障下，不同公办与民办院校之间的校际合作的目标有望实现并推动合作的进一步深化，共同进步与发展。

（二）以公办高职院校一方为主体加强教学管理

不同公办与民办职业院校之间进行校际合作时，应该充分地结合教学现实，在教学管理上以教学实践相对较强的一方为主体开展合作，公办高职院校在教学管理方面有着明显的竞争优势，在这一方面的经验和理论掌握更为丰富和成熟，以其为主体进行教学管理是最优选择。然而公办高职院校在进行教学管理时，也应充分考虑民办合作院校的学生学情与教学现实，统一安排教学计划实施，精心挑选专业的骨干教师按"订单班"的管理模式组织教学和学习，课程教学上也应尽可能地采用现代化的教学模式和设备，在人才的最终考核上，也应采用多元化的考核评估体系，从而确保人才培养的质量。

（三）以民办职业院校为主体加强学生管理

除了教学管理之外，在学生管理上，不同公办与民办职业院校之间也应该充分地结合教学现实，以学生管理实践相对较强的一方为主体开展合作，即合作班学生的日常生活和行为规范管理工作应归管理能力较强的一方掌握，民办职业院校在学生管理方面有着明显的竞争优势，由于生源质量相对较差，只能从管理上寻求突破，以管理出成效。然而需要注意的是，这里所说的管理指的是宏观上的管理原则和标准，具体的管理方法和方式仍需要负责合作班的班主任或导师进行具体的调整。通过对学生管理的加强，有利于院校校际合作的教学与人才培养工作更为顺利的展开。

（四）协调一致共建长效的校际合作机制

不同公办与民办职业院校之间进行校际合作，所要取得的教学目标以及合作目的的实现绝非一朝一夕所能完成，而是要经过长时间的教育实践和合作磨合之后，不断调整和优化合作方式和方法才有望达成。因此，进行校际合作决不能仅凭兴趣和口号"谋一时之成果"，而是应该两校协调一致共建长效的校际合作机制，如此，双方之间的校际合作才有意义。而要建立长效的校际合作机制，需要双方建立和实施与合作相关的一系列教学制度和管理方法，围绕专业建设、资源共享等不同合作主题进行探讨，两校经常展开交流与沟通，以便及时对接双方的有效需求，了解现实变化，最终实现两校文化的互相融合，达成资源优化配置的目的。

第二节 探索公办、民办职业院校合作办学新形式

一、公办高职院校引入民办机制合作办学

公办高职院校有着独特的资源优势，而民办院校有着灵活的机制优势，实现二者的有机结合也是当前探索公办与民办职业院校合作办学的新形势之一，在不改变公办职业院校产权性质的前提下，引入民办的运行机制，实行学校所有权与办学权相分离，将办学权交给承办者，学校收费和人员管理也可参照民办学校有关政策执行。

例如，山东省推行的公办学校多元化办学体制改革，鼓励行业、企业等社会力量通过委托管理、合作办学等方式参与举办现有公办学校。在非义务教育阶段学校选择部分薄弱学校进行改革试验，在不改变公办学校产权性质的前提下，引入民办学校的运行机制，实行学校所有权与办学权相分离，把办学权交给承办者，学校收费和人员管理参照民办学校有关政策执行。推进建立政府主导、行业指导、企业参与的职业教育办学体制，研究制定《山东省职业教育校企合作促进条例》，加快职业教育集团建设，调动企业举办、参与职业教育的积极性，建立政府、行业及社会各方分担职业教育基础能力建设机制。探索公办高职院校实施联合办学或者变更举办者的试点。积极实验、探索建立高等学校与行业、企业多种形式的合作机制，促进高校之间、高校与科研院所、企业之间的教学、科研资源共享。制定、完善社会捐赠教育的激励政策，支持公办学校依法设立基金，接受社会捐赠。

昆明市也出台《关于大力发展职业教育的意见》，提出要在昆明市的公办职业学校中引入民办职业学校的管理机制，落实学校办学自主权。职业学校将实行学生登记入学制度，在核定的规模内，学校可自主确定招生办法和人数；职业学校副校长和中层干部由校长提名，党组织考察，教代会通过，校长聘任，在核定的编制内自主确定教师聘用；公办职业学校实行办学经费总额包干，学校自主使用，鼓励学校改革分配机制，体现多劳多得，优教优酬；试点职业学校可实行国有民办、民办公助、股份制等形式的办学体制改革。

这种合作办学的形式尤其适合生源不足、办学特色不明显、整体实力不强的公办职业院校，政府可以把这个"沉重包袱"交给社会力量，通过引入民办运行管理机制来盘活公办教育资源，使其焕发新的办学活力，真正形成"政府办教育，校长办学校"的新格局。

二、倡导公办与民办教师合理流动

改革开放以前，我国实行单一的政府办学体制，教师由国家统一分配到公办

学校任教。除教育行政部门根据工作需要调动教师外，个人要求调动较困难。这种教师人事管理制度是计划经济体制和人事管理制度的产物，在计划经济条件下对于稳定教师队伍起到了积极作用。随着改革开放的深入，用人制度发生了深刻变革。《教师法》规定实行教师资格制度，学校依法实行教师聘任制。教师与学校通过双向选择，自愿结成聘任关系，依法签订聘任合同。改革开放以来，随着中国社会结构和经济结构的急剧变革，社会对教育的需求与政府对教育的投资之间形成的强烈的反差，教育结构急需发生变革，原先由政府包揽一切的办学格局被打破，各类民办学校得到迅猛发展。

在民办学校早期发展的阶段，由于民办学校办学形式灵活，教师的工资一般远远高于公办教师，曾出现了公办学校教师大量流向民办学校的潮流。大量公办学校的离退休教师在民办学校任教，还有公办学校的一些教师去民办学校兼职的情况。但随着20世纪90年代末开始的多次国家增加公务员工资政策的出台，公办教师工资大幅上涨，社会医疗保障等制度也日趋完善，而民办教师工资待遇却未见涨，特别是民校教师在社会保障方面受到歧视，民办学校教师开始向公办学校回流。民办学校对广开学路，扩大教育对象，促进教育体制改革，改变国家包办教育以及缓解教育供求紧张的状况，推进教育事业进步起到了积极作用。

为保障民办学校的师资平衡，《民办教育促进法》明确规定了民办学校教师与公办学校教师有同等的法律地位，同样需要有国家规定的教师资格，由学校依法聘任。平等的法律地位、统一的资格制度与聘任制度，为教师在公办学校与民办学校之间合理流动提供了法律基础与前提。

公办与民办教师之间的"编制"壁垒正在逐渐破除，各地也陆续出台鼓励和引导公办与民办教师合理流动的政策与指导性文件。

2018年，浙江省政府出台《关于鼓励社会力量兴办教育促进民办教育健康发展的实施意见》，鼓励探索公办与民办学校教师合理流动机制。在编在岗公办学校教师流动到从事学历教育的全日制民办学校工作，除聘用合同另有约定以外，有关部门不得限制人员流动。原在编在岗公办学校教师到民办学校后，可按有关规定选择继续参加事业单位养老保险或参加企业职工基本养老保险。今后若需重新流动到公办学校的，经同级教育部门和人力社保部门同意后直接考核聘用。公办学校教师在民办学校任教期间的工龄、教龄可以连续计算。

2018年7月，《温州市人民政府关于进一步深化综合改革促进民办教育健康发展的实施意见（征求意见稿）》强调要逐步打通全日制公办、民办学校教师流动渠道。在加强民办学校教师队伍建设方面，公办学校教师经组织委派到登记为非营利性的民办学校支教，其原有的公办教师身份、档案关系、工资和社会保险等均保持不变，支教期满，回原单位任教。公办学校教师经组织委派到登记为营利性的民办学校支教，其原有的公办教师身份、档案关系和社会保险保持不变，工资由民办学校负责，支教期满，回原单位任教。同时对符合条件的民办学校专任教师，可参加机关事业单位养老保险并同步建立职业年金。鼓励民办学校按规定为参加企业职工基本养老保险的教职工建立企业年金，改善教职工退休后待遇。

2018 年，山东省政府发布《关于鼓励社会力量兴办教育促进民办教育健康发展的实施意见》，出台 6 个方面 23 条举措，促进民办教育发展。在教师队伍建设方面，非营利性民办学校教师享受当地公办学校同等的人才引进政策。民办学校教师在资格认定、职称评聘、科研立项、培养培训、国内外进修、奖励表彰等方面享有与公办学校教师同等权利。公办学校教师在民办学校任教期间身份不变，教龄连续计算，年度考核结果记入人事档案。允许公办高校教师经所在单位批准，在民办高校从事多点教学并获得报酬。

这些政策的实施，将在很大程度上为公办校教师在民办校任教扫清体制性的障碍，在倡导教师的合理流动上迈出坚实的一步，同时为将来促进民办教师向公办院校的流动奠定基础。

三、推行公办与民办职业院校之间干部交叉任职

第一，推进公办与民办职业院校之间干部交叉任职是实现民办职业教育新跨越面临的新情况。随着民办职业教育事业的不断发展，投资主体多元化和办学规模化已经成为学校建设发展的重要趋势。与此相适应，加强对民办职业教育事业的社会化管理和公共治理，提高民办职业院校领导班子战略管理能力和办学治校水平，努力实现学校管理决策的科学化、规范化和民主化，是新形势下民办职业教育由外延式的规模扩张向内涵式的质量提升新跨越的必然要求。

但是，由于历史的、现实的各种原因，特别是政策和观念上的原因，民办职业院校普遍缺乏专业化的领导管理人才和学术带头人，导致学校管理水平难以提升。这种状况，不仅制约了办学资源的科学、合理配置和办学效益的不断提高，而且难以发挥广大教师教学积极性、主动性和创造性，从而对教育教学质量乃至整个民办职业教育事业的快速、健康和可持续发展产生了极其严重的影响。为了彻底改变这一状况，尽快实现民办职业教育新跨越，突破高水平的专业化领导管理人才这一制约民办职业院校发展的瓶颈，就必须尽快推进公办与民办职业院校之间的干部交流与交叉任职。

第二，推进公办与民办职业院校之间干部交叉任职是落实《民办教育促进法》的新课题。《民办教育促进法》对整个民办教育的性质、地位、举办者和参与者的权利等都作出了明确规定。其中，总则充分肯定了我们国"民办教育事业属于公益性事业，是社会主义教育事业的组成部分"，并规定"国家对民办教育实行积极鼓励、大力支持、正确引导、依法管理的方针"，强调"各级人民政府应当将民办教育事业纳入国民经济和社会发展规划"和"国家保障民办学校举

办者、校长、教职工和受教育者的合法权益"，并进一步指出"民办学校与公办学校具有同等的法律地位，国家保障民办学校的办学自主权"。这一系列条款，都表明了国家对民办教育事业所给予的法律保障。为推进《民办教育促进法》的贯彻实施，将上述法律原则和一般性规定具体化，全国人大又出台了《民办教育促进法实施条例》。

上述立法保障，的确解决了民办职业教育的"名正言顺"的合法性问题，但如何在合法性的前提下促进民办职业院校在师资队伍建设、科研经费资助、社会公共服务等方面享有与同类公办院校无差别的政策待遇，切实解决民办职业教育和公办职业教育在办学主体上"具有同等法律地位"的合理性问题，还需要相应的政策机制和必要的行政措施。推进民办与公办高职院校之间的干部交流和交叉任职，正是解决民办职业教育发展中的实际问题的具体体现，也是消除对于民办职业院校发展的政策限制、实现高等职业教育政策公平性和合理性的重要步骤。可以说，公办与民办职业院校之间的干部交叉任职是落实《民办教育促进法》的新情况，应引起各级党委和政府的充分重视。

第三，推进公办与民办职业院校之间干部交叉任职是职业教育改革发展的新要求。民办职业教育作为职业教育事业的重要组成部分，是推进科教兴国战略和人才强国战略的一支不可忽视的重要支撑力量。因此，推进公办与民办职业院校之间的干部交流和交叉任职，以此促进和带动民办职业院校整体管理水平的提高，对于民办职业教育事业的发展无疑具有重要意义。

与此同时，利用民办职业院校的关键领导岗位和重要管理岗位，加强对同类公办院校领导管理干部尤其是中层干部及学术带头人的培养和锻炼，也有利于促进这些干部或学术带头人的尽快成长和全面进步，有利于各自院校的长远发展，从而实现公办与民办职业院校干部交叉任职中的双赢，共同为职业教育事业的发展作出新的更大的贡献。

第四，推进公办与民办职业院校之间干部交叉任职的政策建议。政府应加强对民办职业院校的政策扶持，积极鼓励公办和民办职业院校之间的干部交叉任职，建立健全相应的管理体制和协调机制，研究并出台干部交叉任职办法。政府应尽快建立起合理的领导管理人才流动机制，促进这些优质教育资源在公办与民办职业院校之间的合理流动，尽快实现职业院校领导管理人才资源的优化配置。

建议教育行政主管部门或组织人事部门首先在公办院校和民办职业院校的职能部门与系（二级学院）的管理干部中试行学术带头人交叉任职，交叉任职的管理干部属于对口交流性质，在原单位领取基本工资，由交流单位依据实际工作情况和考核结果给予适当的岗位津贴。待该项交叉任职工作试行一段时间、积累经验后，再在其他管理层级和岗位类别的干部中逐步推开，以确保公办和民办职业院校之间干部交叉任职工作取得预期成效。

第三节　公办高职院校明确办学定位，
与民办职业院校合理分工

一、遵循教育供给侧改革，找准自身科学定位

公办高职院校的科学定位要注重自身的办学特色，充分利用资源优势，对培养市场型高素质人才，尤其是培养企业的生产、建设、管理一线的应用型人才，进行科学的定位，树立科学的职业教育观、素质教育观，办学要坚持多层次的格局。

（一）科学定位——公办高职院校办学的前提条件

第一，办学的价值取向。要坚持高职院校办学发展正确的价值取向，就务必正视高职教育定位问题，研究和探索高职教育科学定位，也是高职院校办出特色重要的前提。公办高职院校要基于其发展的历史，社会广泛的影响，毕业生的去向及所发挥的作用，充分考虑企业化、现代化、优质化发展的需要，对高职院校的依靠企业办学经验，进行借鉴、吸收、转化、应用。将价值取向定位在为企业服务上，依托企业、服务企业为主的宗旨，坚持为企业服务培养人才，与企业合作建立职工培训基地，从而达到校企合作的目的实效。

第二，办学的培养模式。根据教学发展现状与规模，公办高职院校办学的科学定位，突出表现在人才培养模式上，着重提高学生培养质量。在搞好学历教育的同时，积极开展多形式、多层次的短期培训，满足企业不同类型人才的需求。(1)办学的培养模式获得理论上的支持。在申报设置专业时，应与企业确认合作的培养模式，签订"订单式"协议，以此提供理论及文件性的支持，这样的高职院校才会呈现出"出口畅通、进口旺盛"的良好势头。(2)办学的培养模式需要管理上的保证。在办学的培养模式上，重要体现是在教育教学管理上，要建立一支素质高、业务过硬的师资队伍，学院的专业课教师以"双师型"教师为主，还要建立健全职业教育三结合机制，即教书育人、技术服务、生产实践机制。尊重教育教学规律，培育高职院校发展核心竞争力，通过具体项目的应用研究与开发，实行院、系两级管理，加强专业建设，突出办学特色，不断培育和塑造本校的个性，打造品牌效应，赢得社会良好的声誉。

第三，办学的资源优势。在搞好教学培训工作的同时，要充分发挥高职院校的资源优势。优势一，办学基础要依托于企业。办学基础要对经济社会具有举足轻重的影响，尤其要重视经济的支柱产业。这对高职院校培养出来的毕业生的技术素质提出了更高要求。因此，急需大批既有扎实理论功底又有较高实际技能从

事现代化管理和先进技术设备维护工作的高职毕业生。优势二，设置企业的特色专业。高职院校要针对企业，尤其是支柱产业特色，根据需求关系设置相应的专业，要有专门人员及部门对企业经济发展形势进行跟踪调研，并做出准确的预测和评估，根据企业转型情况，专业要进行及时的调整。优势三，相比民办职业院校，公办高职院校的经费相对充足，为专业教学装备与师资建设提供了根本保障。教学设施设备必须充足实效，并要具有与专业教学配套实习、实训演练室，还要有稳定的校外实习基地，加之专业教师主要以"双师型"教师为主，这样可以理论与实践结合，让学生与企业现场接轨，从而满足企业的需要。优势四，坚强的领导集体和完善的管理体系。公办高职院校有一个政治素质高、管理能力强的领导班子，有着健全齐全的管理部门，以及完善管理体系，才能形成严格有序、严谨规范的办学作风。

（二）科学定位——公办高职院校目标的战略选择

第一，目标确立。根据教育类型、办学结构、招生层次、培养水平、课程选择等方面特点确立发展目标，该目标就是要为企业提供技术服务、生产服务，努力为经济社会的发展做出更大贡献。目标明确了企业对校方具有负责的义务，企业将全程参与教学工作，并对校方的实训基地建设、科技开发、信息沟通、专业发展、毕业生就业等方面给予支持，走产、学、研相结合的办学之路。以此推动校方关注和适应市场需求的变化，不断提高教育质量，从而推动高职院校功能的多样化。

第二，目标管理。成立校企合作委员会，在人、财、物所属关系和原有投资体制不变的条件下开展工作，真正实现优势互补、资源共享。在高职院校的基础建设上，统筹规划，合理布局，可实现教学计划、教学管理、招生计划、学生管理、推荐就业的"五统一"。从而抓住机遇、迅速抢占市场份额，并且通过企业的资讯进行相应的调整，专业设置符合市场就业需求，并加大招生宣传力度，沟通就业渠道等一些非常措施实现发展目标。

第三，目标实现。实现发展目标是检验校企合作成功与否的标准，要想充分利用社会和企业的资源来实现目标，树立市场、人才、品牌标准，向技术型、开放型、综合型办学方式发展，是高职院校发展的合理选择。

（三）科学定位——公办高职院校发展的必然趋势

第一，发展要形成企业特色。高职院校办学的目的是为企业服务的，企业的相对垄断性，形成了高职院校的办学特色。只有校企合作办学，高职院校才能与企业零距离对接，按照企业的岗位需求确定人才培养规格，利用学院的资源为企业提供智力支持，可以以小见大，以精见强，形成规模特色和专业特色。这对于学历教育或是在职职工培训都非常有利，企业成为高职院校的办学依托，真正成为企业的人才培训基地。有企业支持，高职院校拥有了独特的办学环境，从而实现校企共建、互利双赢、共同发展。

第二，发展要提高教学质量。教学的学科、专业、课程、队伍、基础设施等方面的建设，以及教学资源的有效利用，是提高教学质量的重中之重，是职业院校发展的基础保障。科学定位的核心是服务。为企业服务，为企业培养合格人才，是高职院校义不容辞的责任。要与企业对接，才能有效地提高教学质量，需要的就是企业的直接参与，享受企业政策环境和及时获取企业发展资讯。在教学计划、教学大纲的制定中，根据企业的技术发展确定教学内容，将新知识、新技术及时融入教学中，才能保证专业课程对准技术，技术对准职业，职业对准市场，真正实现教学有的放矢。企业要为校方提供稳定的实习基地，教师能够随时下现场从事生产实践，提高实际技能。学生实习直接从事实际工作，毕业后可以很快独立作业。

第三，发展要满足市场需求。高职院校的发展要满足市场的需求，这是高职教育本质的属性决定的。这是办学的特色所在，企业主导校企合作生存的价值，发展的空间。校企合作的办学特征，就是开展"订单式"培养，从招生开始，到人才培养过程，直至就业，要依照市场价值规律与交换原则，校方在企业中占据了比较稳固的毕业生就业市场。校企合作办学本身就是一种特许政策，校方根据企业未来的生产需要，开展"订单式"培养，高职院校有了稳定的生源，企业人才有了可靠的来源，高职院校培养出有针对性"订单式"的人才，在企业中充分地施展才干，使校企双方共同受益。

二、与民办职业院校合理分工，共享职业教育"大蛋糕"

（一）合理分配教育资源

政府是公共资源的拥有者，掌握着资源的分配权，政府在公办与民办职业院校的竞争态势下，依法规范自身的行政行为。目前，各地方政府对公办院校似乎都存在着不同程度的"偏爱"，使得公办院校拥有更优厚的发展条件。政府的政策不应使公办与民办职业院校之间业已存在的差距扩大，而应使公办与民办院校在资源配置中处于平等和公平竞争的环境。也就是说，政府应界定公办和民办院校的竞争领域，为公办和民办院校营造一个公平合理的竞争环境，制定二者之间的竞争原则。民办职业教育目前尚处于起步发展阶段，由于政策和环境方面的原因，大多数高校现在的生存状态并不稳定，特别是在公办与民办教育相共存的格局中，两者之间还并不存在一种真正对等的竞争。竞争的公平性作为一种理念，也是中国公办、民办高校在发展过程中对政府提出的一种价值规范。公办与民办院校竞争的公平性问题能否得到落实，在于国家对民办与公办院校是否能同等对待，二者在法律地位、资源配置、政策扶持等方面是否有明显的不公平。这些问题体现在教育利益分配中教育权利、教育机会、教育条件、师资与学生待遇，以及发展资格认定等方面分配的公平性。

（二）合理分工，各有所为

为实现公办高职院校与民办职业院校共同和谐发展，倡导二者合理分工，共享职业教育"大蛋糕"。

合理分工，共同和谐发展内涵，即强化教育的定位与分工，让公办高职院校在激烈的教育市场竞争中"有所为有所不为"，充分考虑到地方经济发展实际需要，结合地方产业结构布局，集中精力办好传统优势专业、办好特色专业教育，不要盲目"求大""求全"，不能只为经济利益而无序地扩张与下延，要学会"取舍"，将一部分职业教育空间让渡给民办职业院校去完成，将非优势专业的技能培训等教育市场交由民办职业院校去承担，将成人教育与自考助学的教育资源交由民办职业院校去开发。民办职业院校本身就是适应社会发展需求而产生，只要有市场空间与教育资源，就有其生成与发展的平台，与公办高职院校可形成相互补充、协调发展的格局。

无论公办学校、民办学校，都要执行国家的教育方针和政策，都可承担国民教育的任务。民办职业院校无需财政负担，是吸引民间资金的载体，载体越多越大，吸收的民间资金就越多越广。而这种民办教育资源的积累，仍然是国家教育资源的积累，这种民间教育资源积累越多，越利于在高等教育大众化的进程中形成公办院校与民办院校共同发展的格局，政府的教育经费负担也就越轻，国家的教育事业也越兴旺发达。

（三）和谐发展

公办与民办职业院校和谐发展，具体而言，要从以下几方面的内涵式建设发展入手：

第一，公办与民办职业院校数量规模上和谐发展。目前，我国高等教育正处由精英阶段向大众化阶段跨越，尤其是职业教育市场蕴含着巨大的教育经济机遇，为此，公办院校、民办院校、自考助学单位都行动起来，争相开拓日益扩大的职业教育市场。国外高等教育机构也看准了我国国内丰富的教育市场，通过联合办学、放宽政策等各种方法渗入并争抢教育市场。当前，应该依靠什么主流途径来提升职业教育质量，不同的选择将产生不同的结果。公办与民办职业院校在我国职业教育实现跨越式发展与职业教育和谐发展过程中承担的角色同等重要，因此需要合理规划，数量与规模上共同协调发展。

第二，公办与民办职业院校公平发展。教育和谐发展要求体现教育思想与教育价值的和谐与公平性特征。公平是和谐发展的基本目标，它并不是简单地要求削高就低而平均发展，而是主张保证公办院校健康发展的同时，在政策、经济上给予民办职业院校支持与优惠，在对公办与民办职业院校存在差距的认识上，在承认差距的前提下，主张把差距限制在社会能承受的范围内，通过政策和经济的适度倾斜，使公办与民办职业院校公平、和谐发展。

第三，公办与民办职业院校博弈共赢发展。博弈共赢是指利益主题以实现各自利益为价值目标，在对话、交流、协商、合作的和谐互动中，使各主体在认识过程中形成确定的思维程序、规则和方法。高等职业教育系统是一个复杂系统，其办学主体已由过去的政府包办逐级向政府、社会团体、个人力量等多元办学转变。职业教育的和谐发展主张发展的多样性、多主体性、多层次性。

公办与民办职业院校在发展过程中必然出现竞争与矛盾冲突，其和谐博弈共赢发展，强调让其两方加强联系，承认和尊重两种办学形式的多样性和差异性，互相汲取对方优势、扬长避短，多交流、多沟通，在合作中求发展，在多样化中求发展，争取各方的功能达到最优化，各个利益主体都获得最大化的发展，使公办与民办职业院校的发展更加具有生命活力。

三、与民办院校相得益彰、"相互借力"，协调发展

《国家中长期教育改革和发展规划纲要（2010~2020 年）》明确提出，"坚持教育公益性原则，健全政府主导、社会参与、办学主体多元、办学形式多样、充满生机活力的办学体制，形成以政府办学为主体、全社会积极参与、公办教育和民办教育共同发展的格局。"公办和民办职业院校是职业教育发展的两大支柱，两者的协调发展也是高等职业教育持续健康发展的基础。

（一）教育公平视角下公办与民办职业院校的协调发展

教育公平是社会公平价值在教育领域的延伸和体现，主要包括教育权利平等和机会均等两个方面。教育权利平等是法律上接受教育权利的平等，机会均等反映了不同能力水平和不同社会阶层成员具有享受同等教育的机会。已有的教育公平研究主要侧重于受教育者权利和机会均等方面，对教育主体特别是办学机构教育公平的关注相对不足。但不可否认，在利益相关者视野下，各类教育主体之间的公平亦是教育公平的题中之意，各类教育主体具有参与竞争、获取、分配和享用社会教育资源的均等权利和机会。教育主体的公平也直接影响受教育者的权利和机会均等。公办和民办职业院校是办学体制多元化的具体体现，教育公平就是要求在教育活动中，同等对待公办和民办职业院校，保障二者在法律地位、资源配置、政策扶持等方面能够享受同等待遇，具有同等的发展机会，从而促进公办

和民办职业院校协调、可持续发展。

(二) 公办与民办职业院校协调发展举措

面对教育的公益性原则，基于教育的公平准则，应当正视公办与民办职业院校的发展差异问题，虽然差异是必然、普遍的客观存在，但一些差异是必须缩小、必须解决的。应当积极采取各种措施，努力促进公办与民办职业院校的协调发展。

第一，清理并纠正对民办职业院校的各类歧视政策，营造全社会关心、支持、鼓励促进民办职业院校发展的政策环境。严格依照《民办教育促进法》，在政府层面上，全面清理并纠正对民办职业院校的各类歧视政策，适时对《民办教育促进法》进行修订，进一步完善民办院校教师人事关系制度、社会保险制度、民办院校评估等政策、法规。

第二，落实民办职业院校与公办高职院校平等待遇，营造民办和公办高职院校公平竞争、协调发展空间。不仅在政府资助、教师待遇和学生资助上对民办和公办高职院校平等对待，更要在专业设置、内涵建设、评估检查等业务方面给予平等对待。

第三，优先支持民办职业院校发展，体现对弱势群体的合理补偿。对于民办职业院校的合理补偿，就是要在招生、经费资助和师资队伍建设等方面给予更大的支持，鼓励民办职业院校开展多元化办学，拓宽经费来源渠道，提升办学空间。

第四，加强宏观管理和分类指导，充分发挥办学自主权，促进公办和民办职业院校全面协调可持续发展。加强宏观管理是政府实现管理职能的重要体现，也是推进公办和民办职业院校协调发展的重要手段。当前，可通过战略规划、经费资助以及院校评估等途径，明确公办和民办职业院校发展的规模、重点和方向，优化专业结构和布局，引导二者充分发挥办学的积极性和主动性，不断提高办学质量和社会服务水平。

第五，发挥办学特色，不断促进公办和民办职业院校的公平发展和协调发展。追求高等职业教育发展的公平性和协调性最终要体现在公办和民办职业院校的办学特色和办学定位上，而不是盲目的生源竞争和资源争夺，更不是体现在民办职业院校一味地模仿公办高职院校的办学模式，追求办学层次提升上。

第四节 优胜劣汰，公办高职院校面临"大洗牌"

伴随着高等教育的"大众化"，过去的十年，我国高职教育抓住机遇，实现了规模上的大幅跃升，一举占据了高等教育"半壁江山"。然而，随着生源的减少，许多高职院校为招不到学生而苦恼，面对困境，高职教育面临新的抉择。优秀高职院校办学实践表明，如同产业转型发展，高职教育也需改造升级，提升内涵，实现由量变到质变的提升。

一、建设一流高职院校的冲锋号已吹响

我国高职教育虽然成效显著，但社会认可度、知名度以及影响度远远不如普通本科院校。尽管各种统计表明高职教育就业率不输普通本科，但在就业质量与社会认可度上，高职教育难掩人才培养质量上的"短板"。如何保障高职教育的质量，使其真正发挥应有的社会服务能力？教育部门及各个高职院校正在寻求破解办法。

（一）扶持政策的出台

从 20 世纪末至今，国家已先后 3 次出台了示范性高职院校政策。2000 年 6 月和 2001 年 6 月，教育部分别下发了《关于确定北京工业技术学院等 15 所高等学校为示范性职业技术学院建设单位的通知》（教发〔2000〕140 号）和《关于确定北京联合大学等高等学校为第二批示范性职业技术学院建设单位的通知》（教发〔2001〕29 号），共确定了 31 所高职院校为国家示范建设院校，投入了专项建设资金，建成了一批有特色、有示范性的高职专业和实训基地。

2005 年，国务院《关于大力发展职业教育的决定》提出重点建设 100 所示范性高职院校，并于 2006 年底正式启动，在 2006～2008 年间共立项了 100 所重点建设高职院校和 9 所重点培育（扶持）高职院校进行建设。

2010 年 6 月，教育部、财政部共同发布了《关于进一步推进"国家示范性高职院校建设计划"实施工作的通知》，在 2010～2012 三年共遴选了 100 所高职院校分批进行了为期三年的项目建设。

2014 年 6 月，国务院《关于加快发展现代职业教育的决定》就明确提出"建成一批世界一流的职业院校和骨干专业，形成具有国际竞争力的人才培养高地"的目标任务。

2015 年教育部印发《高等职业教育创新发展行动计划（2015～2018 年）》指出，到 2018 年支持地方建设 200 所办学定位准确、专业特色鲜明、社会服务能力强、综合办学水平领先、与地方经济社会发展需要契合度高、行业优势突出的优质专科高等职业院校。北京、天津、浙江等 30 个省份《行动计划》落实方案明确将"优质专科高等职业院校建设"列入实施项目，项目实施完成后，教育部将根据项目实施方案和实际建设成效，对建设结果进行检查认定。这一计划不仅受到诸多媒体的关注，也让高职教育行业看到了未来发展的曙光。

广东、江苏等省份先后启动一流高职院校建设。广东在全国率先启动一流高

职院校建设，重点建设 15 所左右全国一流、世界有影响的高职院校；江苏省教育厅启动高等职业教育"卓越计划"，遴选建设 30 所江苏省优质高职院校，重点打造其中 15~20 所为江苏省卓越高职院校，跻身国家优质高职院校行列；陕西省决定实施一流学院、一流专业建设，未来 3 年，陕西将建成 3 所、培育 3 所全国一流高职学院，建成 50 个全国一流高职专业；重点建设全国优质专科高职院校 10 所、骨干专业 150 个等。

（二）四个角度齐发力

各省围绕一流高职院校建设，主要从以下四个角度发力。

第一，打造全面对接产业需求的特色专业群。专业是职业院校与社会需求的接口，高职院校"双一流"建设最终将落脚于专业群建设。专业群建设要遵循国家战略，把服务和对接"一带一路""精准扶贫""中国制造 2025""创新驱动发展"等国家倡议和战略作为专业建设的"指南针"；服务产业发展，把学科建在产业链上，把学校办在开发区里，立足区域产业需求，根据产业需求变化适时调整专业设置，实行专业动态调整机制；对接企业标准，使人才能够最大程度地满足企业需求，则需根据企业标准调整专业标准，更新教学内容、优化教学手段；彰显学校特色，实现差别化、个性化发展，避免高职院校特别是同区域高职院校无序竞争、争抢生源。

第二，构建匹配教学发展的高水平师资队伍。坚持专兼结合的总体方针。单纯依靠校内专任教师难以全面满足教学需求，需积极吸纳行业精英、企业专家参与人才培养。坚持专兼结合的方针，一方面，强化校内专任教师实践能力的培养，提升其实践教学能力；另一方面，则需积极与企业接洽沟通，通过"引进+聘任"的方式充实师资力量。

实施分类培养的整体规划。通过教学培训、深入课堂听课、专家讲座、骨干教师一对一帮扶等途径，着力培养职业化、专业化青年教师团队。中年教师团队培养方向为专业骨干教师、教学名师、专业带头人、学术带头人、教研室主任、学院中层领导干部等。老年教师群体经验丰富，但也需有针对性地引导其接受新事物、运用新方法。

开展多元途径的全面部署。目前，高职院校本科、硕士学历教师为主流群体，博士研究生学历层次的教师相对较少。应支持教师继续深造、提升学历，学校需在政策层面给予倾斜，在经费方面给予支持。引导教师参与竞赛，强化其综合能力，扩大学校在省内、国内的影响力。鼓励教师深入企业，将理论教学难以解决的实际问题带入企业，在实践中寻求答案。

第三，开展着眼于解决实际问题的科学研究。一是找准定位。立足服务区域发展，面向产业、行业需求培养技能型人才，以解决实践领域的操作性问题为主；注重应用研究，聚焦国家和区域重大需求，面向产业链，以解决实际问题为目标开展系统科学研究。二是协同发展。从学校内部来看，鼓励跨专业的合作研究，集中优势资源着眼于解决学校发展的重大战略问题；从高职院校之间来看，搭建高校科研公共平台，实现数字资源的共建共享，建设一批布局合理、功能完善、体系健全、共享高效的科研创新平台；从高职院校与企业来看，高职院校通过系统研究着力解决企业顺利运行存在的瓶颈问题，而企业则将高职院校科研成果运用于指导实践，实现科研成果的顺利转换。

第四，关注全方位服务区域战略的社会服务。高职院校与区域发展有着天然联系，立足区域发展，回应和服务国家与地区重大发展战略需求，是发挥高职院校特色和优势，建设一流高职院校的强大动力。服务国家战略。服务"中国制造2025"，围绕智能制造的需要，调整专业布局，构建以产业需求为导向的特色专业群。强化与企业合作，积极探究对接"一带一路"倡议的有效途径。服务区域发展。主动适应当地产业发展要求，通过为企业员工开展继续教育、定向培养人才、提供技术服务与咨询服务等方式，实现高职院校服务区域发展的社会职能。服务精准扶贫。高职院校实施教育扶贫，结对帮扶，充分利用学校优势资源精准对接"贫困学校"。

（三）当前发展现状

2018 年是《高等职业教育创新发展行动计划（2015~2018 年）》验收之年，自行动计划发布以来，创办与遴选优质高职院校就是各地和学校极为关注的焦点。截至 2018 年 3 月 20 日，全国已有 18 个省级政府公布 293 所高职院校进入优质和培育高职院校建设行列。具体名单包括：河北省 23 所、辽宁省 10 所、黑龙江省 12 所、江苏省 22 所、浙江省 20 所、安徽省 16 所、福建省 12 所、江西省20 所、山东省 16 所、河南省 15 所、湖南省 16 所、广东省 18 所、重庆市 20 所、四川省 23 所、贵州省 13 所、云南省 12 所、陕西省 12 所、甘肃省 13 所，共计293 所。

二、高职院校或将面临"大洗牌"

（一）专业设置调整

2015 年，教育部在 2004 年首次发布的高职专业目录基础上组织了修订，设19 个专业大类，99 个专业类，748 个专业，同时发布了新的专业设置管理办法和专业简介。专业设置管理办法确立了对接产业发展需要、动态增补专业的机制，2016 年增补了 13 个专业，目前共计 761 个专业。重点增设了经济社会发展急需的鼓励类产业相关专业，减少或取消设置限制类、淘汰类产业相关专业。比如，为适应现代农业发展需要，设置了"休闲农业""生态农业技术""绿色食品生产与检验"等专业；为适应现代服务业及新业态、新模式发展需要，设置"健康管理与促进""电子商务""文化服务"等专业类；取消了"森林采运工程"等专业。

(二) 院校的优胜劣汰

教育部《高等职业教育创新发展行动计划（2015～2018 年）》指出，北京、天津、浙江等 30 个省市 3 年中将投入 63.65 亿元建设 313 所优质高职院校。"十三五"期间，教育部拟投入 50 亿元，支持 100 所左右高职院校深化产教融合、校企合作，加快建设现代职业教育体系，全面增强职业教育服务经济社会发展能力。广东省教育厅也表示，一方面通过财政重点支持的方式，给予建设一流高职院校更多的资源支持；另一方面将进一步下放办学自主权，支持建设院校创新发展。

教育部和各省市关于高职院校发展的规划思路，对高职院校到底意味着什么？可见，入选一流高职院校建设的学校，不仅会有财政支持，还会获得较大的自主办学空间，这些对学校发展至关重要。随着财政对优质高职投入力度的加大，高职院校或迎来生源"大洗牌"，热门院校将"挤破头"，未来将进一步揽获好生源，冷门院校或"吃不饱"，甚至难招生。

目前，我国高职院校基本上呈三个层次的发展态势：国家示范性骨干高职院校、省级示范性高职院校、非示范性高职院校。从 2010 年开始，国家示范性骨干高职院校试行单独招生，在选择生源方面具有"先下手为强"的优势，基本能招满本年度招生指标规定的人数，同时，省级示范性高职院校的年度招生指标也能比非示范性高职院校多。因此，在数量上占绝大多数的非示范性高职院校面临着示范性骨干高职院校"单独招生"和"招生指标优越"的双重冲击，再加上生源总体下降的趋势，必将面临更加严重的危机。在保障生源不减少甚至持续增加的前提下，示范性骨干高职院校将得到更好的发展，而非示范性高职院校将面临多重困境甚至倒闭的危险，由此必然导致高职院校"两极分化"的局面。

对于公办高职院校而言，尽管生源问题突出，但是由于有政府在背后"撑腰"，一些学校不仅没有积极应对困局，反而抱着"过一天算一天"的心理，过着"饭来张口、衣来伸手"的日子。这样的日子不会太长久了，公办体制下的高职院校也不是逃避生源危机的"世外桃源"，面对日益激烈的市场竞争，优胜劣汰已成为必然，毫无市场吸引力的专业将被取消，毫无特色优势的高职院校失去了生机与活力，对其合并、撤销、资源重组已成为必然趋势，伴随着人事制度改革的深入，公办高职院校教师的"铁饭碗"也已被打破，不管是对于公办高职院校整体，还是对于教师个人，"适者生存"都是一条现实规律。

三、出路在于"升级",提升内涵

一流高职院校建设,对于大多非示范性高职院校发展是危机,但更是机遇。所有高职院校都应该有建设一流的决心,有了目标才有前进的动力,不转型升级只会被淘汰。高职院校要痛下决心、潜心静气、群策群力走内涵式发展道路,打造高职教育"升级版"。建设一流高职院校要做到"十个高水平",即毕业生竞争力高水平、科研成果转化高水平、服务地方行业高水平、办学条件高水平、"双师型"师资队伍建设高水平、学生能得到高水平的个性化关注和指导、知名企业参与专业教学高水平、协同创新高水平、国际交流合作高水平、社会认可高水平等十个方面,要做到每个方面都非易事,需要经过一段艰难的探索过程。

(一)处理四个关系

创建一流高职院校,走内涵式发展道路,必须要处理好以下四个关系:

第一,硬和软的关系:培育优质文化。所谓硬和软的关系,是指高职院校建设中,硬件设施与软件建设谁更重要,谁更有分量的问题。有人指出:在经济和科技高速发展的今天,一所大学如果单从外观上去看,已经没有太大的区别。要做到良好的规划、漂亮的建筑、完善的基础设施,只要有钱,都不难做到。但是,一流高职院校并不只是建立在硬件基础之上,更难能可贵的是软件建设,即优质高职院校文化的培育。健康的管理文化和先进的核心价值追求奠定了一所优质高职院校的根基。有了这种强大的优质高职院校文化,才会在各种关键时刻凝聚人心和力量,形成牢不可摧的文化向心力和巨大的文化辐射力。

第二,全和专的关系:凸显办学特色。综合还是单一?这是许多高职院校在早期发展中比较头疼的问题。现实中也确实有综合性高职院校和行业性高职院校的区别。那么,到底是专业多、全好,还是专、精好?实际上没有标准答案,关键要看院校决策者如何根据实际情况作出选择。

第三,大和小的关系:关键在于质量。在建设一流高职院校的过程中,还要处理好规模大与小的关系。无论规模大小,都要以保证质量为前提。没有质量的大是空大,质量卓越的小是精致。

第四,动和静的关系:坚守还是变化。包括两层意思:一是在创建一流高职过程中,如何对待新旧事物的态度问题;二是如何看待"一流高职"荣誉的问题。一流高职院校不是一口气建成的,需要时间积淀,不能急功近利。即使将来形成了一流高职院校的声誉和影响,这种声誉和影响也是发展变化的,并非一成不变,需要我们持续性地坚守与呵护。用辩证、发展的眼光来看待一流高职院校建设中的动静关系,改革那些与发展目标、价值追求不相一致的地方,坚守我们认定的核心理念和发展方向,也是我们必须重视的一个重要方面。

（二）现实举措

当然，建设一流的高职院校不是一蹴而就的事情，而是办学积累和不断探索的过程，其中最关键的是不能脱离地方经济社会发展的需要。高职院校可以依据自身的基础、条件和所处的内外部环境等因素，在目标定位中进行适当的区域选择，既可以建设地方一流或区域一流，也可以建设全国一流乃至世界一流。其主要现实举措有以下几方面。

第一，制定人才培养标准，打造核心竞争力。核心竞争力最直接的体现就是所培养人才的竞争力。一所学校人才培养质量好坏与它构建的人才培养标准有很大的关系。套用营销学里"一流企业做标准、二流企业做品牌、三流企业做产品"的流行看法来评判当下的高职教育，示范、骨干、特色学校建设也只能算是品牌高职院校，绝大多数的高职院校人才培养质量仅仅停留在"做产品"的层面。

中国高职教育发展到今天，没有提升到"做标准"的一流层面，的确值得反思。现在突出的问题是如何提升高职办学质量，不能够再扩规模了，这样就能够更好地静下心来提升质量。

第二，专业建设要走特色化发展道路。当下，许多高职院校开设涵盖工、经、艺、农、管等职业领域50余个专业，就是一个个压缩版的综合性本科大学！贪多嚼不烂，怎能办好？基于规模的需要什么专业都要上，尤其是投入少、见效快的文科专业更是一哄而上，工科专业由于缺少实训条件也名不副实。

高职院校专业选择要根据区域经济发展和市场需要来确定，既可以解决学生就业问题，又能与地方经济紧密结合，促进产业升级换代。每所职业院校都有自己的优势、强项，学校以这些强项为主，并逐步做大做强这些专业。如湖南交通职业技术学院从2018年开始停办计算机应用技术、商务英语、旅游管理等8个热门专业，把招生计划与教育教学资源集中到特色专业上来。

第三，进行"顶层设计"，规范校企合作。校企合作、工学结合是职业教育的教学特色，也是教学的"根"。目前，国内大量高职院校顶岗实习，事实上就是学生自谋出路、教师远程遥控；校企深度合作的顶岗实习模式也有，但不占主流，而且存在企业、学校、学生与家长四方混战的局面。很多时候学校想找到可以托付学生顶岗实习的企业，企业也想找到合适的高职学生解决用工需求，运作起来却困难重重。如果没有企业愿意接受高职院校学生的顶岗实习，就会使得高职院校以重视学生动手能力为中心的培养目标大打折扣。

显然，要破解校企合作难题，需要国家层面的"顶层"设计，对校企合作进行必要的规范与引导，明确校企双方在校企合作中的权利与责任。比如，行业在校企合作中具有天然的优势，在教育部推动下，成立了各主要行业的行业指导委员会，就是有益的探索。在此基础上，作为人才培养方，需要高职院校自身更加积极主动地探求与行业企业的合作方式，毕竟从一些办学成功案例中不难发现，当学校办学达到一定程度，校企合作并不是难题。温州科技职业学院的实践教学与多家企业紧密结合，既能锻炼学生的动手能力，又能提高职业技能。

第四，从重视管理向重视经营转变。伴随高职院校规模的扩大，许多高职院校把精力多投入到管理活动中去。表现为管理机构越来越多、管理队伍越来越大、管理副职越来越多、管理层级越来越长、管理制度越来越广、管理文件满天飞、管理会议一个接一个等。管理活动表面上轰轰烈烈，奖旗、奖状、奖杯满天飞，然而实效性不强。在管理队伍无法分流、精简的困境下，高职院校各级管理者要把高职院校发展当作一番事业好好经营，要眼睛向外，多研究招生和就业问题；多调查国家、本地区产业发展政策及其发展趋势，办有地方特色的高职教育；多深入一线，为教师双师型发展找途径，为学生顶岗实习找岗位；多联系优秀企业进校园招聘，解决好学生就业问题；要既重视管理，更重视高职教育的技术发展、市场研究等经营活动。总之，在教育供给侧背景下，高职院校不仅要善管理，更要重经营。

第五节　公办高职院校发展路径选择

我国高等职业院校大部分是以政府为办学主体的办学体制，政府身兼三重身份即创办者、管理者、评价者，这导致高等职业教育的发展存在着一定程度的模式僵化、活力缺乏、质量不高等现实问题。为了适应市场经济和新时期新业态下人才培养的需要，增强职业教育的发展活力，提高人才培养质量，高等职业教育必须探索创新发展之路。

一、混合所有制办学：高职院校发展新路径

混合所有制办学模式是高校近年来积极探索的一种新兴办学模式。混合所有制职业院校则是将混合所有制经济学的概念引入职业教育领域而产生的一个新概念和新生事物。在高职院校混合所有制改革中，主要形式有：（1）公办高职院校引入社会资本（优质公办高职院校吸引社会资本实现不同层面的混合，公办高职院校改制为混合所有制高职院校，公办高职院校接管弱势民办高职院校）；（2）社会力量举办的高职院校引入国有资本（国有资本直接注资民办高职院校，优质民办高职院校托管办学困难的公办高职院校）；（3）社会资本合作投资新办高职院校（地方政府、公办院校和行企进行联合办学；地方本科、职业院校和行企混合办学，打通了本科、专科升学的通道，高职院校与境外职业教育机构开展混合办学）。通过这种引进不同资本主体共同参与办学，增强职业院校的激励与

约束机制，破除传统高职教育的体制机制弊端，促进职业院校的发展。

（一）国家层面的政策激励

我国职业院校混合所有制办学起步较晚，国家层面明确的鼓励和支持政策也是在党的十八大之后出台的。2014年2月，李克强总理在国务院常务会议上指示："引导支持社会力量兴办职业教育，探索发展股份制、混合所有制职业院校"。同年6月，国家正式颁布了《国务院关于加快发展现代职业教育的决定》，其中明确指出：探索发展股份制、混合所有制职业院校，允许以资本、知识、技术、管理等要素参与办学并享有相应权利。社会力量举办的职业院校与公办职业院校具有同等法律地位，依法享有相应的政策。

党的十九大报告提出"必须把教育事业放在优先位置，深化教育改革，办好人民满意的教育"。为贯彻落实十九大精神，国务院办公厅于2017年12月5日印发了《国务院办公厅关于深化产教融合的若干意见》，明确"鼓励企业以独资、合资、合作等方式依法举办职业教育、高等教育"，"鼓励有条件的地区探索推进职业学校股份制、混合所有制改革，允许企业以技术、资本、管理等要素依法参与办学并享有相应权利"。

2018年2月5日，教育部等六部门《关于印发〈职业学校校企合作促进办法〉的通知》中明确指出"产教融合、校企合作是职业教育的基本办学模式，是办好职业教育的关键所在"。该办法还明确了"校企合作实行学校主导、政府推动、行业指导、学校企业双主体实施的合作机制"。为适应新时期高等职业教育的创新发展，国家层面陆续出台了多项决定、意见和办法，尤其是党的十九大之后国家对职业教育的鼓励和支持政策，更是从法律法规层面明确和肯定了职业院校可以大胆地走混合所有制办学之路，同时也明确了企业在参与支持职业教育发展中的责任和权利。

（二）高职院校混合所有制办学的基础

混合所有制本质是以股份制为基础的经济形式的外化，将其根植于高职教育领域，既是一项重大的改革和创新，又是高职教育办学体制模式改革、实现公有资本和社会资本深度融合的有效尝试；既有坚实的理论和制度基础，又有"股份制"模式的现实政策支撑。

第一，明确的产权制度界定和所有制主体划分是高职院校混合所有制办学的理论基础。当前，我国在经济领域改革提出的重要目标是建立健全归属清晰、权责明确、保护严格、流转顺畅的现代产权制度。衍生到高职教育领域，产权同样是引领高职院校进行教育改革的关键纽带，是高职院校混合所有制办学模式改革进程中风险识别的"牛鼻子"，只有始终引领好这个"牛鼻子"，才能避免改革政策"越位"现象的发生。因此,明晰的产权制度界定和所有制主体划分是其根植于高等职业院校进行教育领域办学模式改革的前提,其内容涵盖高职院校教育的办学定位、法人属性和治理结构的决定、产权的归属和监管方式等诸多方面,这为其开展混合所有制办学奠定了理论基础。

第二,产权激励机制的发挥及功能强化是高职院校开展混合所有制办学的制度基础。高职院校混合所有制办学的目标是在产权明晰和权责明确的基础上,化解资本逐利性和教育公益性之间的矛盾,实现在一定程度上的均衡,使不同性质的产权主体(政府、高职院校、社会企业)相互渗透融合成一个新的利益共同体。高职院校混合所有制办学的宗旨是引入社会资源,将资本、知识、技术和管理等诸多要素通过股权的形式予以明确,让企业、学校管理者,甚至于全体教职工都能够成为学校股东中的一员,让学校的发展与这些股东的利益和发展紧密地联系在一起,形成命运共同体,通过对股东的股权激励,实现高职院校与企业的深度融合与合作,在激发高职院校和企业办学活力的同时,也为高职教育办学机制与体制机制创新提供了重要方式。

第三,"股份制"模式的实践为高职院校开展混合所有制改革提供了现实基础。依托于明晰产权归属、权责明确的混合所有制办学改革,让行业企业以股份制形式参与高职教育,既可以借助于其成熟的市场运作机制,使资产从停滞状态转化为运动状态,同时也可以促使资产的存量结构和增量结构遵循市场效率原则,在流动中不断得以优化。如此一来,必然可以深化原有校企合作模式,为解决政府非对称性教育资本投入而引发的职业教育经费不足问题提供可行的解决思路,并可以进一步激活高职院校因竞争而生成的内在激励机制,实现以市场机制和经营理念来推动职业教育发展的深意。

(三)高职院校混合所有制办学悖论的破解之道

俗话说,只"公"不"私"犹如涸泽而渔,只"私"不"公"犹如缘木求鱼。所以,高职院校混合所有制办学要顺利开展,真正成为解决当前高职院校治理模式和治理能力现代化的有效手段,其前提必须处理好"教育公益性"的学校"属公"价值取向与"资本逐利性"的企业"属私"价值取向之间的关系,实现"公民共舞、公私合力、相得益彰"的办学模式,以破解我国高职院校混合所有制办学现实悖论之棋局。

以产权制度明晰为抓手,引导高职院校分类型改革,谋求改革的可行性与有效性。高职院校进行混合所有制改革,最大的问题在于产权制度的明晰。面对我国存在诸多不同类型的高职院校办学模式,政府需要有针对性地进行分类型指导。

借助"委托代理"模式来实现"公私合力"办学,发挥"公民共舞",谋求改革的效益性。整个高职教育领域内，总会出现经营不善或优质先行两类高职院校共存的局面，所以，需要政府根据具体情况，借助于"委托代理"模式优势互补之功效来实现"公私合力"办学，发挥"公民共舞"，谋求高职院校混合所有制改革的效益性。具体而言，对于经营不善、濒临倒闭的民办高职院校，政府或教育主管部门应该致力于发挥产权分置改革的方式，将这些高职院校的资产进行清理，折合成股份的形式，按照专业、类型就近的原则，委托当地同类型优质高职院校进行代理的混合所有制办学改革模式，解决民办职业院校面临倒闭的问题。反过来，对于难以维系的公办高职院校，尤其是针对那些依托国有企业办学的公办院校，为了规避国有资产长期低效运行的劣根性，更需要政府借助于市场化原则，在细分产权和股权分置的基础上，以股权入股的形式委托优质民办高职院校接管，实现高职院校之间的混合所有制办学模式改革。

依托明确的政策制度来界定混合所有制办学的边界，谋求改革的合规性与公平性。由于缺乏相应的办学边界法律文件和指导性方针，所以改革之后的高职院校归属究竟是定位为"事业性质"还是定位为"企业性质"，以及两者之间如何转化必将成为高职院校混合所有制办学难以回避的新问题。因此，政府需要尽快出台符合中国国情的深化职业院校混合所有制改革的指导性方针和相应的法律文件，并明晰具体的操作实施方案，以界定民间资本的基本权益、社会力量办学的准入边界以及混合所有制管理的相关标准，使民办职业院校在招生、就业、政策支持等方面享有与公办高职院校同等的待遇，处于平等竞争的法律和市场定位，以谋求混合所有制办学改革的合规性与公平性。

(四) 高职院校混合所有制办学的现实意义

高职院校引入社会资本开展混合所有制办学，犹如"鲶鱼效应"，可以激发办学活力，增强发展动力，提升教育能力，进而产生一系列单一资本办学体制下无法实现的积极效应。

第一，实现优势互补，激发办学活力。办学活力是职业院校持续发展的内在动力。人才培养的最终目的是为社会所适用，混合所有制办学是要充分发挥各种所有制优势互补的作用。高等职业教育的职业性特点决定了引入社会力量办学，可以将学校为社会培养合格人才的最终目的与企业的人才需求更好地对接起来，一方面可以解决企业的人才需求问题，为学生开辟就业新通道；另一方面可以发挥校企合作育人的优势，提高人才培养质量。同时，更重要的是引入企业办学理念，可以使学校理论教学与企业社会实践碰撞出新的智慧火花，更好地激发职业教育的活力。

第二，合理配置资源，增强发展动力。当今，职业教育与其他行业企业一样，面临着如何更好更快地发展的时代选择和考验。大多数高职院校是政府单一投资办学，资金相对缺乏，体制机制相对僵化，内生动力不足。高职院校要缓解发展中资金不足和教育市场激烈竞争的压力，必须引入市场机制重新配置资源以增强市场竞争能力。在发展中国特色社会主义的新时期，要加快发展现代职业教育，必须创新思维，多措并举，其中一条重要途径就是让资本重新组合，让职业教育的投资主体呈现多元化态势，建立不同利益主体相互补充、共同促进的混合所有制。公办高职院校通过引入社会资本，按照市场效率原则聚合和运作社会资金，可以弥补办学资金不足的短板，实现社会资本与教育资源的有效配置，提高资本运营效率，增强学校发展实力，为高职院校创新发展提供动力。

第三，提升管理质效，推进创新发展。长期以来，公办高职院校管理手段、管理措施、管理方法相对单一，管理质效偏低，导致人才培养总体水平不高。在混合所有制办学体制下，不同的利益主体相互尊重、相互融通、相互学习、相互促进，协商解决合作办学中的一切问题。在招生就业、日常教学管理、学生管理，以及教研科研、产教融合等方面，合作企业能够带来新思想、新理念、新措施、新方法，从企业人才需求的视角阐释职业教育应该如何培养社会需要的人才，增强人才培养的针对性和适用性，为高职院校发展注入新鲜血液，提升高职院校管理水平和管理成效，提高人才培养质量，助推职业教育实现创新发展。

二、中外合作办学：高职院校发展新契机

随着"互联网+"时代的到来，中国的教育已经越来越朝着国际化的方向发展，而教育国际化最重要的表现形式与途径就是中外合作办学。中外合作办学无论是在规模、层次上，还是在模式上等都呈现了越来越多元化的趋势。在经济全球化的背景下，中外合作办学已经成为高职院校国际合作与交流不可或缺的组成部分。为了满足就业市场对国际化劳动力的需求，为了满足国内经济转型发展的需求，为了满足高职教育朝着更加开放、更加多样的方向发展的需求，高职院校应该主动承担重任，通过国际合作与交流来进一步推动国际化进程，从而更好地适应社会发展的需要。

（一）高职院校中外合作办学主要模式

中外合作办学有机构和项目两种办学形式。中外合作办学机构有法人设置和非法人设置两种。按照《中华人民共和国中外合作办学条例》规定，中外合作办学机构应当具备《中华人民共和国教育法》《中华人民共和国职业教育法》《中华人民共和国高等教育法》等法律和有关行政法规规定的基本条件，并具有法人资格。但是，外国教育机构同中国高等学校共同设立的实施高等教育的中外合作办学机构，可以不具有法人资格。中国教育机构应与相应层次和类别的外国

教育机构共同制定教育教学计划，颁发中国学历、学位证书或外国教育机构的学历、学位证书。中外合作办学机构颁发的外国教育机构的学历、学位证书，应当与外方教育机构在其所属国颁发的学历、学位证书相同，并在该国获得承认。

中外合作办学项目是指中国教育机构与外国教育机构以不设立教育机构的方式，在学科、专业、课程等方面，合作开展的以中国公民为主要招生对象的教育教学活动。中外合作办学项目具有投资小、风险小、启动快、周期短、合作方式多样、对合作主体高校的从属性和依附性强等特点。我国高职院校基于办学层次及办学基础等现实原因，合作办学形式的主体为中外合作办学项目。截至 2017 年 4 月 30 日，我国高职院校设立的中外合作办学机构有 10 个，开展的中外合作办学项目 548 个。

我国高职院校中外合作办学机构及项目的办学层次绝大部分为 3 年制高等专科学历教育。其中，宁波城市职业技术学院中澳合作技术与继续教育学院，是全日制教育和继续教育并举、学历教育与技术培训并重、高中后高职教育与初中后五年制高职教育并存。所有高职院校中外合作办学机构及项目纳入国家高等教育统一招生计划，完成学业的学生可获得我国普通高等学校专科毕业证书。我国高职院校中外合作办学培养模式有"3+0""2+1""2+2""3+1""3+2"等。

"3+0"培养模式是指中外合作办学机构或项目的学生，在国内接受中外教师双语联合授课，学习期满 2 年后，若达不到赴外方合作院校所在国的语言要求等学习条件或未能获得赴外方合作院校所在国有效签证，将继续在中方教育机构学习 1 年，成绩合格者获得中方教育机构颁发的普通高等学校专科毕业证书。

"2+1"培养模式是一种双专科培养模式。中外合作办学机构或项目的学生，在国内接受中外教师双语联合授课，学习期满 2 年后，若达到赴外方合作院校所在国的语言要求等学习条件或获得赴外方合作院校所在国有效签证，将赴外方合作院校学习 1 年，成绩合格者获得我国高职院校颁发的普通高等学校专科毕业证书及外方合作院校所属国认可的专科文凭或证书。

"2+2""3+1"和"3+2"培养模式属于专本连续后续培养模式，即获得中外专科毕业文凭的合作办学机构或项目的毕业生，若达到赴外方合作院校所在国的语言要求等学习条件或获得赴外方合作院校所在国有效签证，无需经过专升本考试，根据中外合作办学协议可赴外方教育机构（4 年制本科院校）及其所在国认可学分的其他 4 年制本科院校继续就读 1 年或 2 年，成绩合格者获得外方教育机构所在国认可的学士学位证书。

（二）高职院校中外合作办学的对策建议

《国家教育事业发展"十三五"规划》中明确指出："提升中外合作办学质量。加强中外合作办学管理，完善准入制度，简化审批程序，完善评估认证，强化退出机制，加强信息公开，健全质量保障体系。建立合作办学成功经验共享机制，突出合作办学对学校教学改革的推动作用。建设一批示范性合作办学机构和项目，鼓励和支持职业学校与国外一流职业学校开展合作办学，培养高水平技术技能人才"。针对我国高职院校中外合作办学中存在的问题和不足，提出以下对策建议：

1. 回归开展中外合作办学初衷，促进我国高职教育教学改革创新

高职院校开展中外合作办学的根本目的，是通过与国外一流职业院校开展合作办学，引进国外优质教育资源，推动我国职业院校教育教学改革。因此，高职院校开展中外合作办学，应以推动学校教育教学改革、提升学校人才培养水平为根本出发点，严把合作项目"选择关"。

高职院校中外合作办学项目的选择，一是要基于高职院校办学定位及专业特色，选择职业教育发达国家类型相同、专业相近、信誉良好的高水平院校开展交流与合作，探索中外合作办学的新途径、新模式。二是服务"中国制造2025"，选择引进在发达制造业基础上发展起来的职业教育先进国家的工科类专业，主动适应数字化、网络化、智能化制造需要，培养高水平技术技能人才，提升工科类专业职业教育水平。三是在学习和引进国外先进成熟适用的职业标准、专业课程、教材体系和数字化教学资源的同时，结合自身办学优势，共建专业、实验室或实训基地，形成本土特色的、与国际接轨的课程、教材及职业培训体系，实现教育教学改革的目标。

2. 发挥宏观政策指导作用，完善中外合作办学模式

针对高职院校中外合作办学的国家行政主导的一元化办学体制，各级政府及教育行政主管部门应组织有关专家结合区域经济、产业发展及人才需求实际开展调研论证，从区域经济、产业发展及人才需求出发，加强中外合作办学学科专业的规划和政策引导，出台高等职业教育中外合作办学的学校及学科专业指导目录，明确发展目标、发展思路、主要任务和政策措施，鼓励、指导服务"中国制造2025"和区域经济、产业发展开展相关专业的中外合作办学。提升与韩国、新加坡等新兴经济体国家高水平职业院校的合作比例，缓解引进优质资源与控制办学成本之间的矛盾。

在投资机制上，各级政府应出台相应政策，鼓励和引导区域经济实体、跨国企业等在资金、实验实训设施设备等方面对高职院校中外合作办学进行投入，减轻高职院校中外合作办学的压力，充分发挥高职院校的办学优势，培养服务区域经济、产业发展的国际化高技术技能型人才。

3. 探索建设数据平台，健全中外合作办学质量保障体系

目前，教育部重点推进"两个平台"和"两个机制"建设，主要依靠行政手段对中外合作办学实施"输入—过程—结果"全方位监管，其核心工作是中

外合作办学机构或项目评估。中外合作办学机构或项目评估采用自我评估与抽查评估相结合的方式进行。首先，评估对象对照"中外合作办学机构（或项目）评估指标体系"，按要求在规定时间内完成自我评估。其次，在自我评估的基础上，以专家会议或通讯评议的方式对自我评估情况进行初评并确定重点考查的范围和内容。第三，专家组对所确定的重点考察范围和内容进行实地考察评估，根据"中外合作办学机构（或项目）评估指标体系"，完成对被评中外合作办学机构或项目的分项评价、总体评价及考察报告。教育部和地方主管部门将把评估结果作为对合作办学进行管理评价的重要内容和依据，评估结果除以适当方式向评估对象反馈，还将通过教育部中外合作办学监管工作信息平台等公开途径发布。其中，专家考察报告将提供公开查阅。中外合作办学作为我国高等教育形式的补充，在近22年的发展历程中，一直处在经验的积累中。国家教育行政主管部门应组织专家开展专题调研，进一步量化、科学化"中外合作办学机构（或项目）评估指标体系"，指导高职院校规范中外合作办学行为。探索建立"中外合作办学数据采集平台"，便于各级教育行政主管部门全面及时掌握中外合作办学工作状况，以此为依据开展中外合作办学评估工作，促进高职院校自觉规范中外合作办学行为。

4. 引进优质教学资源，促进文化建设

中外合作办学的主要目的之一就是引进国外优质教育资源。国外优质教育资源应是世界范围内具有先进水平或办学特色，并能保持一定领先优势的理念、制度、管理、课程、教材、师资、特色、物质等教育条件的总称。因此在引进教学资源时，可从以下两个方面着手：（1）在教学实践中，教师的专业素质和教学水平是课程实施和人才培养的决定因素，因此所引进教师应该具有必要的理论知识、专业技能、职业能力和创造力，具有敏锐的洞察力，能够在国际视域下了解与行业发展相关的变化，提出独到见解与观点，整合教学内容采取适当的教学方法。（2）引进高质量课程与教材。课程与教材是教育教学得以顺利实施的载体与工具。只有保证课程与教材的质量，才有可能保证总体教学的质量，进而才能保证人才培养的质量。在引进优秀教学资源的同时，也要借此机会向国外输出我们自己先进的职业教育理念，在保证办学方针的前提下，相互融合，坚持各自的办学特色与优势，把握合作交流的方向。一方面要增强学生的文化自觉与归属感，培养学生的文化自信与自豪感；另一方面要提升师生跨文化交际能力，在面对不同教学文化冲击时，能够采取正确的态度和有效的行为来应对。

5. 以学生需求为导向，完善管理制度

参加合作办学的学生完成国内学习后就要到国外陌生的环境去学习生活，完成自己的学业。从入学到就业或选择专升本继续学习，这期间学生可能会遇到这样或那样的困难，需要有人帮助他们解决这些问题、给予及时的指导，让学生能够顺利地学习、生活。首先，合作双方应根据学生的实际情况、学习活动所需，客观灵活地制定留学生管理条例，让一切活动有章可循、有法可依。其次，行政管理人员既要有服务热情，又要熟知合作办学流程与业务，能够熟练解答学生本人或家长的疑问，让家长放心学生安心。同时，国内院校会选派老师驻扎在合作院校进行管理，与国内院校及时沟通，第一时间解决可能出现的各种问题，起到桥梁作用。合作办学管理工作应以学生的需求为出发点，实现为学生服务的宗旨。通过中外合作办学，师资队伍在相互交流、科研探讨等活动中拓展自己的国际视野，不断吸收国外先进的教育理念，学到先进的教学方法。培养的学生在获得专业技能的同时，个人的职业素养不断养成并提高，从而具有更强的综合竞争力。合作办学院校在办学项目的开展过程中树立了自己的品牌形象，逐渐提升教学质量，拓宽招生渠道，从而保证高职院校的可持续性发展。

三、高职本科模式探索：高职院校发展新模式

自 2010 年《国家中长期教育改革和发展规划纲要（2010~2020 年）》颁布以来，我国职业教育进入黄金期，培养了大量中高级技术技能人才，为提高劳动者素质以及推动社会经济发展作出重要贡献。

为深入实施《纲要》，加快构建现代职业教育体系，2014 年，国务院在《关于加快发展现代职业教育的决定》中要求，到 2020 年形成具有"中国特色、世界水平"的现代职业教育体系。同时，明确提出，探索发展本科层次职业教育，建立以职业需求为导向、以实践能力培养为重点、以产学结合为途径的专业学位研究生培养模式，研究建立符合职业教育特点的学位制度。

强调支持一批本科高等学校转型发展为应用技术类型高等学校。2014 年，教育部等六部门印发的《现代职业教育体系建设规划（2014~2020 年）》提到高等职业教育，在办好现有专科层次高等教育学校的基础上，发展应用技术类型高校，培养本科层次职业人才。

可以说，这些顶层的政策信息吹响了高等职业教育向着本科领域挺进的进军号，是职业教育体系完善创新过程中迎来的一个新的历史"节点"，这也为高职院校的探索发展之路提供了新模式。

（一）高职本科模式具体实施形式

第一，高职院校和本科院校联合"3+2"人才培养模式。"3+2"本科与高职联合培养是由教育部批准的、近 5 年新兴的一种专本连读的模式，即在高等职业教育学习 3 年，经过资格考核，进入普通本科教育学习 2 年。本科与高职院校共同实施试点项目，共同确定培养目标，共同制定衔接的课程体系，共同按照专业职业能力要求进行课程衔接，共同实施培养过程。与专升本的共同点是学制都是

5 年，毕业时毕业证书上注明专科起点本科学历，学位证和普通本科一样；不同点在于"3+2"本科与高职联合培养模式是高考之后就定下来了本科学校，只要专科 3 年成绩不是太差，通过一定考核即可进入本科学校，淘汰率较低。分段培养项目招生工作由高职院校负责，学生升入本科院校后享受与通过高考入学的学生同等待遇，比自考、成考的本科学历含金量更高。2018 年江苏省本科与高职院校合作培养"3+2"项目共有 110 个，如无锡职业技术学院的会计与常州大学的会计学专业、常州机电职业技术学院电气自动化技术与常州工学院的新能源科学与工程专业、镇江高等专业学校的财务管理与江苏科技大学会计专业等。

"3+2"本科与高职联合培养的目的是充分发挥本科与高职院校的办学优势，为社会培养更多高端技术技能型人才。这种模式培养的技术技能型人才与高职院校属"同类"而"不同层"，与本科高校属"同层"而"不同类"，培养目标定位于"培养会动手、会研发、会管理、会发展的'四会型'高等职业技术人才"。

"3+2"创新了人才培养模式，促进了教育教学改革。"3+2"本科与高职分段培养的人才培养模式正是这一时代的产物，它主动适应经济发展，以推进素质教育为主题，以提高人才培养质量为核心，以创新人才培养机制为重点，围绕高职教育内涵发展和质量提高，积极探索技术技能型人才培养的新思路。"3+2"本科与高职分段培养模式按照高素质技术技能型人才培养的需要，注重以岗位能力培养为基础，强化综合职业能力和创新能力的培养；坚持"工学结合"的人才培养思路，系统构建人才培养模式和教学模式，实现学生综合能力的全面培养，是一种校企合作、专本一体、共建共管的本科与高职分段培养贯通衔接的人才培养模式。

"3+2"人才培养模式打通了高职学生生涯发展成长的通道，实现高职人才的可持续发展。以往高职学生的学历多止步于专科，要想进一步提升学历主要依靠专升本考试或专套本模式，前者属于选拔性考试，有难度，后者属于成教文凭，社会认可度低。"3+2"本科与高职联合培养是在构建现代职业教育体系中的一个创举，实现了高等职业教育到应用本科的贯通培养。学生完成高职阶段培养方案所规定的培养目标以后可获得大专学历，学生可以直接就业，也可以进入本科院校进行本科阶段的学习，学习 2 年后达到本科阶段培养方案所规定的培养目标以后可获得学士学位和本科学历。这一人才培养模式提升了学生的学历空间，打通了人才成长"立交桥"，真正实现了"1+1"学段大于 2 的培养目标，为学生升学深造开辟广阔道路，实现了高职人才的可持续发展，让高职里的"尖子生"有了一次提升自身学历的机会，实现了读本科的夙愿，为今后的职业生涯奠定了更坚实的基础。

"3+2"人才培养模式构建了联合培养的课程体系，实现了高职教育与应用本科教育的有效衔接。"3+2"本科与高职联合培养模式，根据职业人才岗位需求设定专业人才培养目标，制订人才培养方案，确定课程体系与课程标准，在分别实施教育教学过程中，及时交流对接各自学段组织实施教育教学及管理的经验教训，及时总结修正教学实施方案，共同完成特定专业的高端技能型职业人才培养工作。高职阶段（3年）和本科阶段（2年）既有各自独立的人才培养方案又相互紧密衔接，课程衔接的重点在于一体化的设计，确保中职与高职教育的思路一致，并不只是某些人为设计的衔接。以职业能力培养为基础，注重可持续发展能力和创新能力的培养，以典型工作任务为载体，从行业发展的实际需要出发，使本科学段的专业设置作为高职学段专业设置的纵向延伸和横向拓宽，使两个层次的职业教育有效衔接，合理衔接理论与实践环节，探索"高等性"与"职业性"的最佳结合点。

第二，高职院校和本科院校"4+0"联合培养模式。这种"4+0"是一种跨高职和本科的联合培养模式，在教育主管部门支持下，利用本科院校招生计划，学生被录之后，直接放在高职院校培养4年，达标后颁发本科院校毕业证学位证。这类学生从新生报到之日起，就没踏进过本科院校大门一步，在校本部的学制为"0"，因此被称为"4+0"模式。江苏省2018年本科牵头院校与专科合作院校开展"4+0"联合培养的项目共25个，如江苏大学与江苏农林职业技术学院合作的物联网工程专业招生60人、江苏大学与无锡职业技术学院合作的市场营销专业招生60人、江苏科技大学与南通航运职业技术学院合作的轮机工程专业招生40人、南通大学与南通职业大学合作的土木工程专业招生35人、苏州科技大学与苏州农业职业技术学院合作的风景园林专业招生30人等。

有代表性的是江苏大学与无锡职业技术学院合作开办的高职本科专业。根据《省教育厅关于做好2015年江苏省现代职业教育体系建设试点工作的通知》（苏教职〔2015〕14号文件）精神，江苏省教育厅确定江苏大学与无锡职业技术学院联合培养本科生，在本二批次招生，学生在校期间的学习、生活均在无锡职业技术学院，教学与管理以无锡职业技术学院为主。学生学习期间，成绩合格，颁发江苏大学毕业证书，对符合学士学位授予条件的学生颁发江苏大学学位证书。2018年6月23日，两校合作办学的2018届高职本科生毕业典礼暨学位授予仪式举行，224名学生来自机械电子工程、电气工程及其自动化、软件工程和市场营销四个专业，他们经过4年联合培养，毕业率99.55%，一次学位授予率97.77%。其中，考取985、211高校硕士研究生9人，名校录取率34.6%；在校期间共获国家级、省级奖项82项，包括全国高等职业院校"发明杯"大学生创新创业大赛一等奖、江苏省大学生课外学术科技作品竞赛暨"挑战杯"全国竞赛江苏省选拔赛特等奖、全国大学生英语竞赛一等奖等高含金量奖项；申获专利13项；发展中共正式党员13人，预备党员8人。这一批高职本科生顺利完成4

年学业，即将开始人生新旅程。从校方反馈来看，可谓硕果累累、成果丰厚，学生不仅掌握了实用技能，更成功拿到本科学士学位，成长为真正的高端技能型人才。

然而，这种模式在探索过程中遭遇到了现实问题。据《中国青年报》报道，广州市某高职院校与相距逾220千米外的某本科高校"4+0"联合培养的某专业17级本科班学生，从广州市赶往本科学校校本部，开展为期一周的学习和生活。为这一周的安排，两校都花了相当大的精力，克服了许多困难，学校和老师们用心良苦，希望通过短期交流，让在高职院校学习了一年的同学利用暑假去本科院校了解情况，感受文化，体验生活。按照负责老师们的预想，认为学生们一定会高兴、新奇、充满期待。

可是，令带队老师大跌眼镜的是，当同学们到达校本部时，他们脸上没有兴奋欣喜，而是一种非常复杂的情绪，学生们也发朋友圈调侃有种"孤儿""回娘家"的感觉。这种心态完全是他们对校本部没有归属感的真实写照。在一个学生眼里，那张某大学毕业文凭固然重要，但更重要的是学生在这所大学里所有的精神体验，包括听过的大师课程，受过的文化熏陶，经过的各项活动，伴过的人和事物。学生毕业之后，翻开毕业证就能感受到扑面而来的大学美好记忆，就能联想起历久弥香的大学青春故事，而绝非眼前的毕业证书上校名和大学生活毫不相干的完全割裂。这种割裂、不相干会让学生产生巨大的心理落差，也势必导致大学母校辨识认同度低——是认高职为"母校"还是认本科为"母校"？

教育要以学生为中心，关注学生的体验感受，满足学生对美好生活的向往，是学校人才培养的基本追寻，也是人本校园建设的基本逻辑。因此，这种模式下培养学生，要尊重事实，善待学生，减少人为政策偏差带来的学生心理伤害和痛楚。

对"4+0"高职本科模式要特别注意两个问题：一是杜绝"放养"式，杜绝本科院校把学生放在高职后，甩手不管不问，完全交给高职。二是防止高职挤占最优秀的教育资源，造成对于自己学生事实的不公。比如，高职有可能把最好的师资实训实验条件向本科生倾斜，冲击了高职正常教学，影响了培养质量，继而引起高职学生不满意，正所谓"捡了芝麻，丢了西瓜"。因此，对"4+0"模式持谨慎态度，面不宜过大，还有待进一步探索和完善。

（二）高职本科模式要遵循的原则

国务院《关于加快发展现代职业教育的决定》中明确提出"探索发展本科层次职业教育"。本科层次职业教育从概念维度看，它既是一个本土概念，又是一个类型+层次的复合概念；从层次维度看，它是本科，但不是学术性本科；从类型维度看，它是高职本科教育，而不是普通本科教育。高职本科，在我国还是个新生事物，如何探索发展？以下两个原则是引领我国高职本科合理定位、办出特色的根本遵循。

第一，坚持类型发展原则。教育类型决定高职本科发展定位，毫不动摇地坚持走高等职业教育类型发展道路，这就是我国高职本科的发展定位。教育类型的划分是由人才培养目标决定的，高职本科的培养目标定位在技术型人才，培养目标指向技术属性，融职业性的社会需求与教育性的个性发展于一体。衡量培养目标达成的价值逻辑是高职本科的课程内涵，是工作过程系统化的"立地"课程体系，其核心要义是突出知识、技术的应用，而不是基于学科知识系统化的"顶天"课程结构。如果高职本科的培养目标与普通本科高校的培养目标没有区别，那就失去了类型特征的价值取向，意味着普通本科可以替代高职本科，高职本科就没有存在的价值和发展的必要。

因此，在高职本科发展道路上，要坚持遵循类型发展的原则，理性把握类型的本质特征，深入研究高职本科的办学规律，使我国的高等职业教育真正成为无法替代的教育类型。只有这样，高职本科才能办出自己的类型特色，形成自己的类型文化，走出一条完全不同于普通本科高校的特色发展之路。

第二，坚持校企合作育人原则。校企合作育人是由类型所决定的，是高职本科人才培养的逻辑起点。校企合作育人的基础是合作伙伴之间的资源互通与共享，在此基础之上，着力培育"你离不开我，我离不开你"的校企合作发展共同体，宗旨是合作育人。

校企合作育人离不开跨界文化的引领，因此，构建具有跨界文化元素的育人模式对高职本科来说显得格外重要。要以跨界文化元素为核心合作开发人才培养方案，合作开发教学课程，合作建立育人基地，把职业素养、职业态度、企业文化融入教学内容之中，为高职本科人才培养质量提升注入企业文化元素。校企还要合作研发，为合作育人服务。通过建立具有跨界文化基因的教学团队和技术研发团队，聚集不同学科的教授和研发力量，形成合作育人的教学资源优势和技术研发优势，出精品成果，促教学质量提升，育企业需要之才，解企业发展之困。

（三）高职本科模式有待完善之处

当前，4 年制高职本科教育是自下而上推进的，教育部目前还没有下发具体的管理政策，这使得高职院校未来发展继续面临尴尬处境。

高职本科模式在合作培养过程中，学生由高职院校全程培养，接受高职院校的文化熏陶和培养方式，但由合作本科院校来颁发毕业证书和学位证书。可以看出，权利和责任是不对称的，高职院校虽有热情，但依然处于弱势地位。而且错位培养专业本身就与本科院校不一致，学位课程的理解和设置很容易产生偏差，高教性和职教性协调不好，就不能实现错位竞争，很可能人才培养重复本科院校套路，失去试点探索的意义，不利于后期的进一步推广。

从发展趋势来看，抓紧实行"专业学位"制度，构建具有中国特色高端技术人才培养通道，是产业转型升级的迫切需要，是高职院校深化内涵建设的方向，是学生职业发展的诉求，具有紧迫性和必然性。

我国高等职业教育体系中的大部分都是专科高职教育模式，应该通过多元化途径大力推动本科高职院校发展。一方面，支持符合条件的高等职业院校开设本科高职专业；另一方面，推动那些定位不明确、专业特色不鲜明的本科院校向高职本科院校转型。同时，还应该探索出更具创新性的本科高职院校的发展模式。例如，通过实施高中—专科—本科一体化的高技能人才培养模式，推动高等职业教育更好地服务于区域社会经济发展。

要完善本科高职院校的人才培养体系，从单一学科的教育模式向多学科交叉融合的教育模式转变，从以专业技能为主的教育模式向通用知识能力素养与专业技能并重的方向发展，从以一般性的行业职业能力为主向行业职业能力与国家社会经济发展需求能力相融合的方向发展，从以一线技能人才为主向高技能岗位管理工作和行业领军人才的方向发展，从以高职院校为主导向产业界和高职院校相互融合的方向发展，从以满足国内产业需求为主向满足国内和国际产业需求为重心的方向转变。

在项目的起点，必须对如何定位4年制高职本科人才培养、如何与应用型本科转型相区分、如何彰显特色和优势、怎样设置合理的课程体系、毕业生要拥有怎样的知识结构和逻辑思维体系等问题有个清醒明确的回答。在学生完成学业后，更要对他们的未来负责，帮助他们获得行业与企业的真正认同。

教育试错的风险是拿每一个具体的人做赌注，因此，探索有必要，但必须谨慎。希望高职本科模式能够成为更多渴望掌握实用技能的学子的成功阶梯，更愿开展协同培养的本科院校与高职院校都能用心做，让高职本科模式成为国家职业教育体系不可或缺的一部分，为加快职业教育发展再次蓄能，使其能量"满格"，重新出发，续写高等职业教育发展新篇章。

结　语

　　纵观民办教育的发展历程，民办教育实际上是在一个非常强大的公办教育体系中或者说在公办教育的夹缝中产生与发展起来的，充满挑战与艰辛，努力在探索与改革中寻求生存与发展空间。缺少危机意识的公办教育面临"适者生存，优胜劣汰"的现实，有必要从民办教育的发展经验中吸取营养。

　　公办教育和民办教育承担着不同的功能，各有优势，也各有特色。公办教育承载着使社会的公共教育资源能够均衡化配置的使命，而民办教育应该更好地满足人们对教育的多样化需求。公办的生命线是改革，在改革中激发活力；民办的生命线是质量，在质量取胜中寻求生存与发展空间。公办教育与民办教育要结合起来，这种结合是趋近，而不是趋同，趋近的过程中一定要产生新的特质，要把握好各自的发展方向，在和谐共存中协同发展。

参 考 文 献

[1] 丁小燕. 供给侧改革视角下高职教育内涵建设策略研究 [J]. 无锡商业职业技术学院学报, 2018 (5)：91~95.

[2] 刘莉莉. 中国民办高等教育发展的研究 [M]. 长春：吉林人民出版社, 2002：28~29.

[3] 国家教育发展研究中心, 2001 年中国教育绿皮书 [M]. 北京：教育科学出版社, 2001：134.

[4] 教育部发展规划司, 上海市教育科学研究院, 2002 年中国民办教育绿皮书 [M]. 上海：上海教育出版社, 2003：7.

[5] 陶西平, 王佐书. 中国民办教育 [M]. 北京：教育科学出版社, 2010：54.

[6] 别敦荣. 略论民办机制之于民办院校的意义 [J]. 高等教育研究, 2010 (4)：71~77.

[7] 崔立华, 曹骑豹. 民办高职院校内涵发展面临的问题及应对策略 [J]. 职教论坛, 2013 (3)：4~6.

[8] 徐绪卿. 发展本科教育：拓宽民办高校发展空间的重要策略 [J]. 教育发展研究, 2005 (8)：44~47.

[9] 翟润. 规范高校编外用工问题初探 [J]. 新西部 (理论版), 2015 (7)：124~125.

[10] 任梅, 江林海, 熊建美. 健全高校权力运行制约和监督机制的研究 [J]. 今日中国论坛, 2013 (9)：155~156.

[11] 张建奇, 陈发美. 高校教师退出：机制构建及其现实困境 [J]. 山东高等教育, 2016 (6)：9~14.

[12] 施卫华. 高校中层干部任期及退出机制研究 [J]. 中共福建省委党校学报, 2014 (3)：45~49.

[13] 陈妍彦. 加强和改进 "新常态" 下高职院校高层次人才引进工作 [J]. 福州党校学报, 2017 (6)：50~53.

[14] 李森善. 打造节约型政府采购的几点思考 [J]. 中国财政, 2014 (13)：66~67.

[15] 吴平. 高职院校政府采购工作规范化管理研究 [J]. 经济研究导刊, 2017 (3)：179~180.

[16] 刘正兵, 陈兰剑. 高职院校政府采购经费管理现状及改进策略 [J]. 江苏经贸职业技术学院学报, 2017 (2)：41~43.

[17] 楼珺敏. 高职院校开展社会培训的路径研究 [J]. 中国市场, 2017 (5)：294~295.

[18] 刘秋菊. 论公办院校与民办院校的合作模式 [J]. 济南职业学院学报, 2017 (4)：59~61.

[19] 张力. 高职院校发展的科学定位 [J]. 中国高校科技, 2014 (1)：96~97.

[20] 黄鸿鸿, 雷培梁. 福建省公办与民办高职院校的协调发展——教育公平的视角 [J]. 教育与考试, 2011 (5)：51~53.

[21] 翁嘉晨, 仰思宁. 高职院校混合所有制办学的理论分析 [J]. 滁州职业技术学院学报, 2018 (3)：5~8.

[22] 潘锡泉. 高职院校混合所有制办学的基础、悖论及破解之道 [J]. 现代教育管理, 2018

(4)：88~92.

[23] 国务院. 中华人民共和国中外合作办学条例 [Z]. 2003.

[24] 李青. 我国高职院校中外合作办学述评 [J]. 武汉交通职业学院学报，2017（2）：63~68.

[25] 金炳顺，朱艳红，吴迪. 试论高职院校中外合作办学人才培养模式的构建 [J]. 辽宁师专学报（社会科学版），2018（1）：112~114.

[26] 刘文明. "4+0" 高职本科生未来认谁为母校？[N]. 中国青年报，2018-08-13.

[27] 郑文谦，郭小平. 民办高校的经费筹集及运作模式 [J]. 教育评论，2001（6）：39~42.

[28] 王敏. 试论公办与民办高等教育的竞争与合作 [J]. 浙江树人大学学报，2005（6）：12~16.

[29] 燕春友，程贞. 高职院校发展过程中存在的几个问题及对策分析 [J]. 企业导报，2013（9）：217~218.

[30] 华伟锋. 新形势下高职院校发展过程中的问题与对策探讨 [J]. 无锡商业职业技术学院学报，2015（3）：66~69.

[31] 元小佩. 新转型时期浙江省高职院校发展面临的问题及对策 [J]. 宁波职业技术学院学报，2018（1）：11~14.

[32] 张庆. 高职院校后勤管理社会化模式探讨 [J]. 辽宁师专学报（社会科学版）2016（6）：130~131.

[33] 陈德维. 高职院校后勤社会化改革存在的问题与对策 [J]. 太原城市职业技术学院学报，2016（2）：162~163.

[34] 王洪强. 高职院校后勤社会化改革的思考 [J]. 当代职业教育，2015（7）：77~79.

[35] 汪文敏. 高职院校后勤社会化滞后的主客观因素及对策 [J]. 武汉交通职业学院学报，2007（1）：60~63.

[36] 卞宝瑞. 观念创新：高职院校后勤社会化改革的关键 [J]. 淮海工学院学报（人文社会科学版），2016（10）：112~114.

[37] 罗忠实. 我国高职院校发展面临的内部困境与出路 [J]. 清远职业技术学院学报，2011（1）：98~101.

[38] 刘启亮. 我国民办高职院校发展面临的主要问题 [J]. 职业教育研究，2007（8）：12~13.

[39] 陈武元. 中国民办高校如何走出办学水平不高的困境 [J]. 教育研究，2011（7）：43~46.

[40] 易凯. 当前国内公办与民办高校管理体制之比较 [J]. 湘潮，2010（12）：83.

[41] 岳远攀. 公办校教师在民办校任教障碍扫清 [N]. 联合日报，2018-6-22（003版）.

[42] 吴颖惠. 民办倒逼公办改革有何不可 [N]. 中国教育报，2016-7-5（010版）.

[43] 傅禄建. 民办教育也该"反哺"公办教育了 [N]. 中国教育报，2016-9-13（009版）.

[44] 邓辉林. 民办学校到公办学校"挖人"，管得住吗 [N]. 深圳特区报，2017-9-13（A02版）.

［45］高少帅. 让公办学校与民办学校协调发展 ［N］. 烟台日报, 2018-1-29 （002 版）.

［46］沈莉萍, 张伟东, 苏若葵. 浙江省公办与民办高职院校人才培养质量比较——基于省教育厅和省教育评估院的相关报告 ［J］. 浙江树人大学学报, 2018 （4）：22~24.

［47］卫小春. 促进公办民办教育协调发展 ［J］. 民主, 2017 （6）：9~10.

［48］陶西平. 为形成民办教育和公办教育共同发展的格局而努力 ［J］. 浙江树人大学学报, 2006 （4）：58.